AF558623

Peter Allmend

Emanuel

und

Die Kapelle des Buches

Peter Allmend

und

Die Kapelle des Buches

ISBN 978-3-89427-870-0
Deutsche Originalausgabe

1. Auflage 2020

Voglherd 1 • D-85567 Grafing
www.aquamarin-verlag.de

Umschlaggestaltung: Annette Wagner

Druck: C.H. Beck • Nördlingen

Inhalt

Wie es begann

Ich studierte im 1. Semester an der Universität Zürich, als mir meine damalige Yoga-Lehrerin eines Abends ein Buch in die Hand drückte mit den Worten: „Das ist etwas ganz Besonderes!“ Es war ein mittelgroßes Buch, in ein schlichtes hellbraunes Leinen gebunden, und auf dem Titel standen nur sieben Buchstaben: EMANUEL.

Ich nahm es mit nach Hause und las kurz hinein. Es schien etwas Christliches zu sein, übermittelt von einem Geistwesen, das sich selbst Emanuel nannte. Zu dieser Zeit verschlang ich gerade mit großer Begeisterung Yoganandas berühmte „Autobiographie eines Yogi“ und war sehr auf die Weisheit des Ostens fokussiert. Das Buch mit den sieben Buchstaben fand daher erst einmal einen Platz im Regal.

Doch mit Büchern hat es eine eigene Bewandtnis. Sie führen ein Eigenleben – und sie strahlen manchmal ein besonderes Kraftfeld aus. Bücher pflegen auch aus Regalen zu fallen genau vor die Füße der Person, die ihre Botschaft gerade benötigt. Bücher klappen auch aus unerfindlichen Gründen gerade auf der Seite auf, die jene Worte enthalten, die ein Leben verändern können. Bücher haben es in sich!

So wollte sich auch „Emanuel" nicht mit seinem Platz im Regal zufriedengeben. Wenn mein Blick darauf fiel, was häufig geschah, da meine Büchersammlung als junger Student sehr überschaubar war, dann schien es mir geradezu zuzuflüstern: „Lies mich doch endlich!"

Irgendwann konnte ich die Botschaft nicht länger überhören. Ich setzte mich auf mein Bett, das den größten Teil meiner Studentenbude ausmachte, und vertiefte mich in die ersten beiden Kapitel.

Es war eine anspruchsvolle Lektüre, mit einer mir sehr unvertrauten, fast biblischen Sprache. Aber es fesselte mich.

In den Botschaften Emanuels fand ich ein Weltbild, das alles übertraf, was ich bis dahin gehört oder gelesen hatte. Ich empfand es irgendwie als 'kosmisch', ohne dass ich diese Empfindung hätte genauer bestimmen können.

Als ich es nach drei Tagen gelesen hatte, blieb ich einerseits fasziniert, andererseits auch etwas überfordert zurück. Ich war mit einundzwanzig Jahren einfach noch nicht in der Lage, seine unendliche Tiefe auch nur ansatzweise zu erfassen.

Doch „Emanuel" blieb ein ständiger Wegbegleiter. Ich las es immer wieder – nach zwei, nach fünf, nach fünfzehn Jahren. Allmählich gelang es mir wohl, die vielfältigen Dimensionen seines Inhaltes zu erfassen. Trotzdem hatte ich nach jeder Lektüre das Empfinden, wieder ein wenig mehr zu begreifen.

So verging fast ein halbes Jahrhundert, in dem mir „Emanuel" zu einem unverzichtbaren Weggefährten geworden war. Zweifellos war dies eines meiner „drei Bücher für die einsame Insel“!

Ich hatte mein Buch, mit all den Zetteln und Anstreichungen darin, schon längere Zeit nicht mehr in den Händen gehabt, als eines Nachts etwas gänzlich Unerwartetes geschah. Ich fand mich in einer höheren Welt auf einem Waldweg wieder, der aufwärts führte und nach einiger Zeit in eine hochgelegene Lichtung mündete. Dort standen zwei Gebäude, von denen das erste wie eine alte Abtei, das zweite wie ein etwas schräg stehender romanischer Turm aussah.

Ich betrat die Abtei durch ein hölzernes Portal mit eisernen Beschlägen, denn der Turm schien über keinen Zugang zu verfügen. In der Abtei zweigte gleich nach dem Tor ein schmaler Gang ab, durch den ein schwaches Licht fiel. Ich wurde von diesem Licht angezogen und kam nach wenigen Metern in einen schlichten Raum, der sich nach rechts oben erstreckte und seltsamerweise kein Ende zu haben schien. Es war, als wollte sich der Turm in den Himmel emporstrecken.

Das war aber bei Weitem nicht das Erstaunlichste an diesem Raum, der mir wie eine mittelalterliche Kapelle vorkam. In seiner Mitte befanden sich zwei Glastüren, die hoch aufragten und wie Schiebetüren verschlossen waren. Davor standen zwei majestätische Engelwesen, die wie überirdisch schöne junge Frauen aussahen. Ich hatte von meinen spirituellen Lehrern immer wieder gesagt bekommen, dass Engel eigentlich beide Polaritäten in sich verkörpern; aber diese Wesen trugen eindeutig weibliche Züge.

Ich stand ehrfürchtig im Eingangsbereich der Kapelle, als ich einen Impuls der beiden Engelwesen verspürte, mich ihnen zu nähern. Als ich nur noch drei Schritte entfernt war, schwangen die beiden Glastüren auf und gaben den Blick auf eine Art Altar frei, auf dem sich jedoch keine sakralen Gegenstände befanden, sondern ein BUCH.

Das Buch wurde von einer Licht-Aura umhüllt, die sich, fast wie ein Regenbogen, bis zu einem Meter über das Buch ausdehnte. Das Buch selber war etwa in der Mitte aufgeschlagen, und über ihm funkelten Buchstaben wie in einem goldenen Glanz.

Als ich in diesen wundervollen Anblick vertieft verharrte, schienen mir die Engel zuzuflüstern: „Das ursprüngliche Buch Emanuel!“ Ich schloss die Augen und erfasste in diesem Moment, dass hier die geistige Quelle für jene Worte lag, die mich fast mein ganzes Leben lang begleitet hatten. Es kam mir vor wie eine Art *Inspirationsfeld,* das ausstrahlte und seine geistige Kraft in die Welt sandte. Diese Kraft ging weit über das Buch hinaus und inspirierte alle Menschen, die für die „Emanuel-Schwingung“ empfänglich waren. Es war ein geistiger Kraftort, der transformatorisch in weite Bereiche der Schöpfung ausstrahlte.

Die Engel forderten mich auf, näher an das Buch heranzutreten, und beim Näherkommen umfing mich der Licht-Regenbogen, so dass es mir vorkam, als würde ich in seinem Glanz schweben. Auch das goldene Licht der Buchstaben umhüllte mich und schien in mein Stirn- und Herz-Zentrum einzutreten. Es war ein heiliger Moment, doch zugleich war alles Geschehen erfüllt von einer wunderbaren Atmosphäre der Leichtigkeit und Unbeschwertheit.

Ich weiß nicht, wie lange, nach irdischen Maßstäben, ich in dieser „Kapelle des Buches" verweilen durfte. Doch die erhebende Schwingung dieses sakralen Ortes erfüllte jede Faser meines Wesens, als ich mich wieder in meinem normalen Erdenbewusstsein befand.

Wahrscheinlich schlossen die Engel die Tore zum Buch wieder; aber ich bin sicher, sie öffnen sich erneut, wenn andere Menschen den Weg in diese Kapelle finden, die ernsthaft nach der Wahrheit suchen.

Geblieben ist mir jedoch die Inspiration für das Verständnis jener Botschaften „Emanuels", die erstmals vor über hundert Jahren in menschliche Worte gekleidet wurden.* Sie sollen einen neuen Ausdruck in den nachfolgenden Ausführungen finden und werden in der Hoffnung kommentiert, ihr ursprüngliches Lichtfeuer in vielen Herzen zu entzünden.

---

* Diese sind im Buch kursiv gedruckt.

1.
Der Ursprung

„Im Anfang war Gott. Gott ist Urleben, ist Schöpfungskraft, schöpferische Bewegung, welche sich zu Geistindividualitäten kristallisieren musste. Ihr könnt diesen Prozess nicht verstehen, nicht fassen; können wir von der Materie ganz befreite Geister ihn doch nur ahnen. Aber so viel könnt ihr fassen, dass Gleiches Gleiches zur Folge haben muss.“

Diese ersten veröffentlichten Worte von Emanuel sind von fundamentaler Bedeutung in zweifacher Hinsicht: Die ursprüngliche Schöpfung war eine rein geistige; und der menschliche Verstand, als Erkenntnisinstrument eines bis in in die materielle Verdichtung gesunkenen Wesens, ist nicht ansatzweise in der Lage, den Göttlichen Urgrund zu erfassen.

Die in der Frühzeit des Christentums formulierte sogenannte „Negative Theologie" war auf einem guten Weg, als sie zum Ausdruck brachte, der Mensch könne bestenfalls wissen, was Gott *nicht* sei, nicht aber etwas über sein SEIN aussagen.

Es ist zweifelsfrei ein natürliches Unterfangen des Menschen, über seinen Ursprung nachzusinnen, doch sollte er sich dabei seines gegenwärtigen Entwicklungsstandes bewusst sein. Wenn Materie „gefrorener Geist" ist, wie es einige große Physiker lehren, dann kommt es darauf an, erst einmal den Geist wieder 'aufzutauen'.

Wenn jedoch nicht einmal rein geistige Wesen, die von jeglicher materieller Verhaftetheit befreit sind, die Größe der Gottheit zu erahnen vermögen, dann zeigt sich der außerordentlich begrenzte Rahmen, in dem menschliches Erkennen sich vollzieht, in aller Deutlichkeit.

Für den menschlichen Entwicklungsprozess in seinem gegenwärtigen Stadium genügt bezüglich der Gotteserkenntnis allein die Aussage: „ER ist." Wobei das „Er" natürlich bereits eine unbeholfene Ausdrucksweise ist für das Unaussprechliche. Daher war es eine tiefsinnige Geste, als der Buddha, nach Brahman, dem Absoluten, gefragt, statt zu antworten nur eine Rose in die Höhe hielt.

Gott ist Urleben – mehr lässt sich nicht sagen.

Ist der Unterschied zwischen dem göttlichen Urleben und der Menschheit so unüberbrückbar groß, dass wir nie etwas über den Ur-Anfang, den Ur-Quell wissen können? Wenn wir den letzten Satz des Textes von Emanuel berücksichtigen, dass „Gleiches Gleiches zur Folge haben muss", dann muss dieses „Gleiche", die Mystiker sprechen vom „göttlichen Seelenfunken" im Herzen, noch immer verborgen und unzerstörbar in uns wohnen.

In der Tiefe unseres Wesenskernes kann das göttliche Licht uns berühren. Ziehen wir IHM keine Grenzen: Es kann durch eine Blume, durch ein fröhliches Hundegebell oder durch das Funkeln eines Regenbogens über den Bergen zu uns sprechen.

Der Geist weht, wo er will!

Wenn er uns erfüllt, werden wir verwandelt sein. Dennoch bleibt es ein weiter Weg, zuerst einmal die materiellen Welten zu verlassen. Doch einst werden wir wieder ins LICHT zurückkehren, wenngleich wir die FLAMME nicht berühren werden.

2.
Reine Geister

„Es lag in den reinen Geistern Schöpfungskraft, Willensfreiheit und Erkenntnis der Gesetze, durch welche sie diese Schöpfungskraft zu ihrer Vollendung ausbilden sollten.“

Warum sollte Gott, der absolute GEIST, am Anfang die Materie erschaffen? Sämtliche Ausführungen von Emanuel zur Schöpfung haben als Kernbotschaft: Die ursprüngliche Schöpfung war eine rein geistige. Menschliches Forschen über den 'Anfang' des Lebens greift um mehrere Dimensionen zu kurz.

Als der erste 'Schöpfungstag' begann – möglicherweise gab es bereits frühere Schöpfungstage und -nächte – manifestierte sich alles Leben auf einer geistigen Ebene. Wir können es mit unseren begrenzten Mitteln nicht erfassen, aber die weisen Kabbalisten deuten eine tiefe Einsicht an, wenn sie zuerst einmal einen „Rückzug Gottes in sich selbst“ (Zimzum) annehmen, andernfalls hätte es keine Schöpfung gegeben – und es existierte nur Gott allein. Einer in allem.

So entstand durch Gottes „Zusammenziehung“ in sich selbst ein Ur-Raum – in den hinein er reine Geistwesen erschuf. Dieses Geschehen hatte nicht das Geringste mit dem zu tun, was heutige Wissenschaftler als „Ur-Knall“ beschreiben. Materie kam Äonen später ins Dasein.

Emanuel benennt dann die drei Grundprinzipien, die drei Grundkräfte, mit denen die ersten Geschöpfe begabt wurden: *Schöpfungskraft, Willensfreiheit und Erkenntnis der Gesetze.*

Die Willensfreiheit bietet die Gewähr, dass jedes erschaffene Wesen immer für seine Handlungen verantwortlich ist. Allein verantwortlich!

Wären diese Offenbarungen in den drei monotheistischen Religionen in die Verkündigung eingeflossen, welches unsagbare Elend wäre Generationen von Menschen erspart geblieben: Kein Sündenfall im Paradies, keine Erbsünde und keine Verführung durch dämonische Gegenmächte.

Die reinen Geister kannten die Gesetze, waren frei in ihren Entscheidungen und konnten ihre schöpferischen Kräfte missbräuchlich einsetzen. Diese ursprünglichen Gaben am Morgen der geistigen Schöpfung sind unvergänglich. Sie sind das größte Geschenk Gottes an seine Geschöpfe.

Auch wenn in den endlosen Stufen und Sphären der Schöpfung die menschliche Ebene weit vom einstigen LICHT entfernt ist, blieben die am Anfang gewährten Gaben – wenn auch in eingeschränkter Form – erhalten. Der Mensch kann sich aus freier Willensentscheidung Gott zu- oder von Ihm abwenden. Er verfügt noch immer über schöpferische Kräfte und kann damit inspirierende Kunstwerke oder Massenvernichtungswaffen erschaffen. Die Wahl liegt allein bei ihm.

Die Formulierung „in eingeschränkter Form“ bezieht sich auf die großen Hüter des irdischen Daseins sowie aller materiellen Welten. Die Materie ist das Ergebnis einer fehlgeschlagenen Entwicklung, daher ist die menschliche Willensfreiheit eine durch göttliche Gesetze eingeschränkte.

Es muss noch einmal hervorgehoben werden, dass alle Darlegungen und die gewählte Worte nur unvollkommene Bemühungen darstellen, um Geschehnisse zu beschreiben, die einst, am Anbeginn der gegenwärtigen Schöpfung, in rein geistigen Sphären stattfanden. Menschliche Beschreibungen müssen ungenügend bleiben – doch wir haben nur diese Worte und Bilder.

Die Menschheit wird allmählich den Weg zurück in ihre einstige Heimat finden. Niemand geht verloren, mag der Rückweg auch unterschiedlich lang und mühevoll sein. Wer heute ein Erdengewand trägt und auf oft schmerzlichen Pfaden den Weg lichtwärts sucht, war einst ein lichtvolles Wesen in rein geistigen Sphären. Dieses Erbe ist unser aller unvergängliche Verheißung. Niemand sollte das jemals vergessen.

3.
Der erste Geistfall

„Du sagst, die Menschen suchen die Ursache des Falles reiner Geister in deren Versuchung durch Gegensatzgeister, da ihnen ein Fall ohne solche Versuchung undenkbar scheint. Wie erklären sie sich aber das Entstehen solcher Gegensatzgeister? Kann Gott unreine Geister schaffen, oder kann es einen Lebensstrom geben, der nicht aus der einen Lebensquelle, Gott, hervorgegangen wäre? Ihr habt unklare Begriffe über den Vorgang des ersten Geistfalles. Reinheit schließt doch nicht die Möglichkeit eines Falles aus; dies vermag allein Vollkommenheit der Erkenntnis und der Liebe. Diese Vollkommenheit fehlte dem rein geschaffenen Erstlingsgeist. Er konnte Gott noch nicht lieben in dem wahren Begriff dieses Wortes, weil er ihn noch nicht ganz erkannte. Er konnte ihn auch nicht erkennen, weil er noch nicht groß genug geworden

war zu solcher höchsten Erkenntnis. Erkannte er doch nicht einmal die Folgen seines Falles.

Ihr dürft den Fall eines Teiles der reinen Erstlingsgeister zu einer Zeit (um mit euren Worten zu reden), da sich die Schöpfung Gottes noch nicht zur Halbmaterie verdichtet hatte, nicht mit Sünden von Geistern auf eurer Stufe vergleichen. Es war eine Trübung, die ihr als solche kaum fassen könntet, die sich aber doch in jenem intensiven Licht dunkel hervorhob.“

Diese Sätze sind von großer Tragweite für die zahllosen Wesen, die ihr eigenes Fehlverhalten – sei es vor Jahrmillionen oder gestern – durch den Einfluss Dritter entschuldigen wollen. „Es gab eine Verführung! Die Schlange ist schuld! Luzifer ist schuld! Die Dämonen sind schuld!“

Es gibt diese Art Tradition in jeweils unterschiedlicher Ausprägung in allen Weltreligionen. Das allerdings verleiht ihr noch lange keine Wahrheit. Die Verantwortung für alle Handlungen – in einst geistigen und heute materiellen Sphären – liegt allein beim Handelnden. Und jede Handlung führt zu Folgen, die der Handelnde dann ebenfalls zu verantworten hat.

Gott schuf einst reine Geister. Das absolute GUTE konnte nur Gutes erschaffen. Die Entstehung des Nicht-Guten liegt allein in der Verantwortung der Geschöpfe. Das 'Böse' ist nicht eine Kraft an sich, sondern allein entstanden aus der Abwesenheit des Guten. Wäre es anders, hätte Gott den Geschöpfen die Gabe der Willensfreiheit wieder entziehen müssen.

Will das Geschöpf, auch der in die Materie hinab gesunkene Mensch, seine Freiheit behalten, muss er respektieren, dass auch die Früchte seines Handelns auf ihn zurückfallen. Weltlich, mit Paulus gesprochen: „Was ihr sät, das werdet ihr auch ernten."

Emanuel selbst bekennt von sich, einst aus den göttlichen Lichtwelten durch eigenes Verschulden in eine halbmaterielle Welt gefallen zu sein.

„Ich sagte euch, dass ein vollkommener Mensch noch nicht vollkommener Geist ist. Doch muss die Vollkommenheit einer halbmateriellen Welt von jedem Geist erreicht werden, bis er den Lichtkreis werdender Geistvollkommenheit betreten kann. Ich selbst war ein Geist, der zur Stufe halbmaterieller Welten fiel, und habe nun, an der Grenze des Lichtkreises reinen Geisteslebens stehend, noch diese Schutzgeist-Mission übernommen, ehe ich ganz in meine Heimat eingehe. Mein Fall verbindet mich mit euch gefallenen Geistern innerhalb und außerhalb des Menschenkleides. Gerne bleibe ich an der Grenze stehen, sehnsüchtig in das Heimatland blickend, wenn ich dadurch einem meiner Brüder helfen, nur einem die Macht der Gottesliebe damit zeigen kann.“

Hier offenbart Emanuel eines der schönsten Geheimnisse des Daseins. Alles Leben ist durch die unzerstörbare göttliche Liebe verbunden. Dieses Band der Liebe wird auch durch einen „Abfall" nicht zerstört. So begeben sich hohe Lichtwesen freiwillig in die Begrenztheit der Materie – ein unglaubliches Opfer, das menschliches Bewusstsein in seiner Dramatik gar nicht erfassen kann – um ihren gefallenen einstigen Geschwistern ein *Licht in der Dunkelheit* zu sein.

Auch die Traditionen des Ostens kennen diesen Gedanken des liebevollen Opfers, wenn etwa im Hinduismus der Meister das schlechte Karma seines Schülers in seinem eigenen Körper verbrennt; oder im Buddhismus ein Bodhisattva auf die Freuden des Nirvana verzichtet, um seinen noch in der Dunkelheit umherirrenden Brüdern und Schwestern zur Seite zu stehen. Ohne dieses segensreiche Band der Liebe könnten die gefallenen Wesen wohl kaum den Weg zurück in die einstige Heimat finden.

4.
Willensfreiheit

„Die Willensfreiheit, die Gott den Geistern gegeben hatte und geben musste, da sie eine Bedingung für wahre Größe ist, konnte er ihnen nicht nehmen, und wenn er die Folgen ihrer Willensfreiheit durch seine Allmacht aufgelöst hätte, so hätte er tatsächlich diese Willensfreiheit selbst aufgehoben. Wenn eine Gottesgabe, das heißt, eine gottähnliche Eigenschaft, wie der Geist sie erhalten hat, weil sie allein Möglichkeit und Bedingung zum Erreichen seiner Vollkommenheit ist – wenn eine solche Gottesgabe durch den Unwert des Geistes demselben zum Schaden gereicht, so nimmt Gott die Gabe nicht zurück, sondern bestimmten Gesetzen gemäß werden den Wirkungen dieser Gabe nur engere Grenzen gezogen. Gott gibt dem Geist weitere Gaben, indem er ihn solchen Gesetzen unterstellt, die seinen neuen Bedürfnissen entsprechen.“

Hier hebt Emanuel nicht nur erneut die zentrale Bedeutung der Willensfreiheit hervor, sondern er gibt zugleich – für die leidende Erdenmenschheit – die Erklärung für all das Schwere, was dem ringenden Menschen widerfährt.

Kein Unglück, kein Leid und keine noch so tragische Katastrophe auf Erden geschieht aus Zufall, sondern sie *fällt* dem Betroffenen gesetzmäßig *zu*. Sie sind die Auswirkungen von Handlungen, die einst aus freier Willensentscheidung ausgeführt worden sind. Würde Gott hier – aus seiner Allmacht heraus – eingreifen, müsste er seine Schöpfung wieder auflösen.

In diesen Worten liegt die Antwort auf die verzweifelte Frage vieler Menschen, die ein schweres Schicksal ertragen müssen: „Wie kann Gott so etwas zulassen?" Er muss es zulassen, weil er seinen Geschöpfen die Willensfreiheit geschenkt hat!

Das Leiden der Menschheit wäre zudem viel geringer, wenn sich endlich der Schleier zwischen Diesseits und Jenseits lichten würde. Eltern, deren Kind tödlich verunglückte, würden den tragischen Verlust ungleich leichter ertragen, wenn sie *sehen* könnten, wie ihr Liebling seinen Weg in einer höheren Welt fortsetzen kann.

Würde man die Menschen fragen, ob sie lieber frei entscheiden oder nur Puppen eines himmlischen Marionettenspielers sein wollten, würden sie zweifellos die Freiheit wählen! Nur das freie Geschöpf kann aus eigener Entscheidung und mit seiner ganzen Liebe den Weg zurück zu Gott wählen. Gibt es eine menschliche Mutter oder einen menschlichen Vater, die von ihrem Kind nur geliebt werden wollen, weil es sie lieben *muss*?

Freiheit ist die Grundbedingung für wahre Liebe und wahre Geistesgröße!

5.
Das Lebensprinzip

„Den langen Zeitabschnitt, in dem der Geist unfrei den endlichen Gesetzen untersteht und von diesen herangebildet wird, ohne selbst etwas zu seiner Heranbildung tun zu können, nennt Christus: „Die Nacht, in der niemand arbeiten kann“ – und das ist der Wahrheitskern eurer Lehren einer Hölle. Doch auch dieser Nacht folgt der Morgen – eine Rückbildung des Geistes bis zu dessen Auflösung gibt es nicht. Hat seine relative Willensfreiheit durch ungesetzliche Ausübung jeden Wert für ihn verloren, so verfällt er jenen Gesetzen, deren Fessel jede Freiheit ausschließt, und bleibt so lange in diesen Fesseln, bis die Wirkungen dieser Gesetze seine Wesenheit so geläutert haben, dass die relative Willensfreiheit ihm wiedergegeben werden kann.

Das Lebensprinzip selbst und der zur Stufe desselben rückgebildete Geist haben einen prinzipiellen Unterschied. Das Lebensprinzip muss bei Erreichung der Vollkommenheit seiner Wesenheit durch einen Willensakt Gottes zu einer noch höheren Wesenheit, das heißt zu Geist, umgebildet werden, während der Geist auch in seiner Rückbildung bis zur Stufe der führenden und zwingenden Geisteswelt des Lebensprinzips die einmal erhaltenen Gaben, wie freier Wille, Erkenntnis und Liebe, nie ganz verlieren kann, so dass es eines schöpferischen Willensaktes Gottes bedürfte, um seine Wesenheit umzubilden, damit die Keime höchsten Geisteslebens – Freiheit und Liebe – in sie gelegt werden können. Hat der gefallene Geist die Schule des Lebensprinzips durchlaufen, so erwacht er aus seinem ruhenden Zustand zu einem geistigen Leben mit allen Attributen und Eigenschaft des Geistes."

Aus diesen Worten lässt sich zumindest ein ungefähres Verständnis des Evolutionsprozesses auf Erden gewinnen. Erst mit der Stufe des Menschen setzt wieder die frei bestimmte geistige Entwicklung ein. Die kabbalistische Vorstellung vom „Bruch der Gefäße", der dazu führte, das sich unzählige geistige Funken zu Materie verdichteten und herabsanken, kommt den Ausführungen Emanuels sehr nahe. Auch die Lehren des Kirchenvaters Origenes, der von einer „erkalteten Seele" nach dem Abfall spricht sowie David Bohms Vorstellung, Materie sei „gefrorener Geist", zielen in dieselbe Richtung.

Im Chassidismus, der mystischen Tradition des osteuropäischen Judentums, wird daher großer Wert darauf gelegt, alle Gegenstände des täglichen Lebens sowie alle Tiere des eigenen Umfeldes ganz bewusst liebevoll zu behandeln – sie sind allesamt „gefallene Funken" des einstigen großen seelischen Wesens, die es zu erlösen gilt. Die Lehre von der „Einheit des Lebens" erhält hier noch eine ganz neue, tiefere Dimension.

In der esoterischen Philosophie gibt es Beschreibungen von hellsichtigen Beobachtungen, vor allem von Charles

W. Leadbeater, wie sich Geschöpfe aus dem Tierreich, die sich noch unter den Bedingungen des Lebensprinzips entwickeln, durch die Liebe zu den Menschen, in deren Umfeld sie leben, aus der gesetzlichen in die freie Lebensführung empor ringen. In manchen Fälle geschieht dies auch durch das Opfer der eigenen Lebensform. Die menschliche Forschung hat zwar endlose Details der sichtbaren Evolution ans Tageslicht gefördert – von der sich im Unsichtbaren abgespielt habenden wissen wir dagegen noch immer sehr wenig.

Emanuel gibt noch einen weiteren erhellenden Hinweis:

„Jene Geister, die so tief gefallen sind, dass sie sich zur Entwicklungsstufe des Lebensprinzips rückgebildet haben, erwachen wieder zu Geistleben mit relativer Freiheit und Verantwortlichkeit auf so niederer Entwicklungsstufe, dass sie der Materie zu ihrer Weiterentwicklung be-

dürfen und nur fähig sind, die Menschenform in ihrer niedersten und unentwickeltsten Stufe zu bilden und zu beleben. Das sind die Tiermenschen, welche die Urbewohner tiefstehender materieller Welten – wie eure Erde – sind.“

Die biblische Vorstellung von den „Schöpfungstagen“ scheint ein gewisser undeutlicher Nachhall der Erkenntnis des evolutionären Prozesses vom Lebensprinzip zur Stufe des Menschen zu sein. Wenn die quantenphysikalische Überzeugung von der letztlichen Nicht-Existenz von Materie im eigentlichen Sinne zutrifft, dann finden wir dort die Bestätigung der Lehre vom Lebensprinzip, das nichts anderes als Geist in sehr gebundener Form ist.

6.
Der Lebensstrom

„Du (ein Fragesteller) sagst richtig: „Die Unendlichkeit selbst ist durchflutet von der geistigen Welt, die deshalb an sich unendlich ist“ – ein Lebensstrom, vom Urleben ausgehend und, von diesem mit Eigenschaften versehen, auf den Bahnen geistiger, halbmaterieller und ganz materieller Welten und Weltensphären fortrollend, je nach Anziehungskraft dieser Weltensphären auf die Entwicklungsstufe der Stromteilchen – von den Gesetzen der göttlichen Weisheit umgeben und gespeist, zunehmend an Kraft, Weisheit und Liebe und beseligender Freiheit endlich das Ziel erreichend, für welches dem Erdenmenschen jeder Begriff fehlt.“

Emanuel spricht im Zusammenhang seiner Ausführungen zum „Lebensstrom" auch von einer „werdenden Einheit". Alles Geschaffene ist vom GEIST durchdrungen. Was die Christen den „Heiligen Geist" nennen, beschrieben die östlichen Weisen als *Prana*. Eine geheimnisvolle Lebenskraft, die alles durchdringt und alles verbindet. Nur wenn man um das Geheimnis dieses *Lebensstromes* weiß, kann man die alte Weisheit „Alles Leben ist eins" in der Tiefe verstehen.

Der zweite entscheidende Begriff in den Worten Emanuels lautet: „Anziehungskraft." Es ist eines der Schlüsselworte, um die Entwicklungsgesetze der Erde zu verstehen. Schon die alten Hochkulturen verkündeten daher: „Gleiches zieht Gleiches an."

Man würde allerdings viel zu kurz greifen, bezöge man dieses Gesetz nur auf das allzu Menschliche. Natürlich zieht man den Partner an, der einem entspricht (oder herausfordert!), und gewiss landet man in dem Land und dem Beruf, die einem innerlich nahestehen. Doch der Lebensstrom fließt weiter, weit über die Erde hinaus.

Auch in den jenseitigen Sphären kommt die Anziehungskraft zur Auswirkung: „Wie auf Erden – so im Himmel." Menschen, die in die jenseitigen Welten zu schauen vermögen, bestätigen in jedem Jahrhundert, dass auch dort Gleiches sich zu Gleichem gesellt. Der Mensch ist, wenn er sein Erdengewand abgelegt hat, kein anderer als noch kurz zuvor auf seinem materiellen Planeten. Er hat eine Hülle, seinen irdischen Körper, abgelegt – nicht aber seine guten oder schlechten Eigenschaften. Viele sind überrascht, wenn sie in ihrer Jenseitswelt nicht „Halleluja" singen, sondern weiter an ihrer Reifung arbeiten müssen; und diejenigen, die alles Geistige als reine Einbildung Leichtgläubiger abgetan haben, müssen möglicherweise einen mühevollen Weg zurücklegen, ehe sie ein „Licht am Ende des Tunnels" erblicken.

Seit einigen Jahrzehnten ist den Menschen ein wertvolles Erkenntnisinstrument zurückgegeben worden, um die Verbundenheit allen Lebens tiefer zu erfassen – die Nahtod-

Erfahrung. Jene Grenzgänger, die für Momente auf der *anderen Seite* des Daseins waren, berichten übereinstimmend von der wunderbaren Ordnung des Leben, die sie erst durch ihr Erleben begreifen konnten.

Viele, die so erschauten, wie alles Leben miteinander verbunden ist, wurden zu völlig neuen Menschen, die ihre ganze Kraft dafür einsetzen, ihren Erdengeschwistern jenes Licht des Himmels nahezubringen, das sie selbst erblicken durften.

Auch wenn es nur ein kleiner Schritt in die nicht-materiellen Welten ist – so ist es doch ein großer Schritt für die in die Materie verstrickte Menschheit.

7.
Die Jakobsleiter

„Seid vorsichtig, dass ihr nicht zu enge Grenzen zieht, wenn ihr euch selbst und anderen das Wirken der göttlichen Gesetze klarzumachen versucht. Die Schöpfung Gottes und sein Wirken in dieser Schöpfung ist so groß, dass es jedem Geistwesen unermesslich und unbegrenzt scheint, und es ist auch nur verstanden, durchmessen und gewogen von diesem Gott selbst und ist begrenzt von seiner Liebe und Weisheit, wie seine Führung allein diese Schöpfung zu durchdringen vermag von der Höhe reinen Geistes bis in die Tiefen grober Materie. Alles in Verwandlungen herausbildend bis zur Vollendung seiner Wesenheit."

Wie wunderbar sich der unendliche Aufstieg der Geistwesen auf der großen Schöpfungsleiter vollzieht, erhellt Emanuel in seinem Bekenntnis über seinen eigenen Lebenspfad:

„Meine winzige Aufgabe zeigt dir meine verhältnismäßig niedere Stufe, denn winzig ist die Aufgabe, einen Menschen zu erziehen und zu leiten, damit er in der groben Hülle der Materie nichts von der im Geistleben errungenen Klarheit verliere, und dann durch diesen Menschen einem kleinen Kreis Geister innerhalb und außerhalb des Menschenkleides Hilfe und Wahrheitsteilchen zu reichen.

Auch ich bin ein gefallener Geist – wenn auch nie so tief gefallen, dass das Erdenkleid mir notwendig wurde. Ich habe mich auf einer anderen Welt durch jene Materie gearbeitet, die meiner Stufe angemessen war. Nun strebe ich wieder im Geistigen jenem Ziel zu, das meine ganze Sehnsucht ist und das ich doch eine Zeit lang verlassen konnte. Rein gebliebener Erstlingsgeist ist gewordene

Vollkommenheit. Lebenssonnen sind solche Geister, denn gewordene Vollkommenheit ist ein selbst strahlender Lichtherd. Solchen fertigen Geistern sind Weltsysteme zur Führung übergeben. Sie sind die obersten Sprossen der Jakobsleiter; und von ihnen bis zum Dämon herab verbindet sich Glied mit Glied.“

Hier decken sich Emanuels Aussagen mit den Lehren der esoterischen Philosophie. Nach der irdischen Evolutionsstufe warten die solaren Reiche – und weiter hat noch kein irdischer Seher geschaut. Über welche Macht ein *solarer Logos* verfügt, übersteigt bereits das menschliche Begreifen; und was „Weltsysteme“ sein mögen, kann der Mensch nicht einmal erahnen.

Doch welche beglückende kosmische Verheißung liegt in den Worten: „Die ganze Ewigkeit gehört Gottes Geschöpfen!“

8.
Ewige Verwandlung

„Gott ist ewig, absolut ewig. Die Äußerung des Urlebens ist Bewegung. Die Mannigfaltigkeit der Erscheinungsformen der Lebenswellen, die von der Lebensquelle ausgesandt werden, übersteigt weit euer Begriffsvermögen. Die Lebensquelle selbst und die Art ihres Schaffens aus sich selbst, das Werden aller Erscheinungsformen, als Folge der Bewegung, welche eine Folge des Urlebens ist, das übersteigt selbst euer Ahnen.“

Dieser Blick auf die ewige *Quelle des Lebens* löst eine tiefe Demut aus. Wie ungeheuer groß ist doch dieser ewige Gott – unfassbar, unvorstellbar und unbeschreiblich. Es bleibt dem Menschen, der noch unerwacht ist, wohl tatsächlich nur *das moralische Gesetz in ihm und der gestirnte Himmel über ihm.*

Emanuel ergänzt diese Darlegungen noch mit dem Hinweis, der Mensch möge das Wirken der göttlichen Gesetze mit Ehrfurcht betrachten. Wenn man Emanuels Worte auf sich wirken lässt, erscheint es geradezu irreal, wenn sich materialistische Wissenschaftler auf eine Bühne stellen und behaupten, die Gesetze des Lebens und des Universums erklären zu können.

Wenn es in der irdischen Wissenschaft heutzutage das Bemühen gibt, eine „Theorie von Allem" zu entwerfen, dann verweist dies eher auf einen Zustand von Unreife als auf einen gehobenen Erkenntnisstand.

Es wird für die Menschheit darauf ankommen, dass die wahrhaft spirituelle Lebensausrichtung und die ernsthafte, bescheidene Wissenschaft zu einem vereinten Strom werden, um zumindest die Grundgesetze des Lebens zu erkennen. Wohlgemerkt: Des Lebens auf Erden.

Es ist ein hoffnungsvolles Zeichen, dass unter den Naturwissenschaftlern gerade die großen Geister voller Demut ihre Begrenztheit bekennen und die Augen emporrichten zum Mysterium der sichtbaren und unsichtbaren Welten.

9.
Die Vergeistigung der Materie

„Wir sprechen von der Vergeistigung der Materie als Endziel der Schöpfung. Ihr müsst den Begriff Materie nicht mit engen Grenzen umgeben. Das Urlicht Gottes ist seine Materie. Die Verdichtung der Materie zu so grober, derber Erscheinungsform wie der euren, ist Folge des Geisterfalles. Jedes Geistwesen webt seine eigenen Gewänder und verfällt der Anziehungskraft jener Welten und jener Atmosphäre, welche die notwendige Nahrung für dasselbe enthalten. Indem das Geistwesen sich durchringt zu reinerer Erkenntnis, zu mächtigerer Liebe und dadurch zu größerer Freiheit, verwandelt es seine Gewänder, erfüllt es seinen Zweck in der Vergeistigung der Materie. Diese Vergeistigung ist nur eine Folge seiner fortschreitenden geistigen Reife, wie alle Erscheinungs-

form und Möglichkeit derselben nur Folge der Bewegung ist, welche Folge des Urlebens – Gottes – ist.“

Es gebührt den frühen christlichen Kirchenvätern und den geheimnisvollen Kabbalisten von Safed hoher Respekt, dass sie, wie der Alexandriner Origenes, die „Rückkehr alles Gefallenen“ (*Apokatastasis*) oder, wie Isaak Luria, die Heilung des „Bruchs der Gefäße“ gelehrt haben. Es war ein Wissen, das nur in den inneren Kreisen dieser Traditionen weitergegeben wurde.

Blickt man in der Geschichte zurück, so zeigt sich immer wieder, dass sich ein neues Bewusstsein nur ganz allmählich von Generation zu Generation entfaltet. Es ist wohl tatsächlich so, dass sich neue Einsichten nicht durch Überzeugung durchsetzen, sondern nur dadurch, dass ihre Gegner wegsterben. Wer, aus mystischer Begeisterung, zu früh an die Öffentlichkeit ging, um seine Einsichten mit anderen zu teilen, bezahlte diese Kühnheit nicht selten mit seinem Leben. Es scheint ein typisches Kriterium gefallener Welten zu sein, den Verkündern einer höheren Wirklichkeit entweder nicht zuzuhören oder sie zu töten. Die Unwissenheit erhält sich allein dadurch am Leben, indem sie die Botschafter des Lichtes zum Schweigen bringt.

Doch lässt sich die Vergeistigung der Materie nur verzögern; sie lässt sich nicht aufhalten. Glücklicherweise genügt bereits eine kleine Anzahl erwachter Menschen, um eine weitaus größere aus ihrer Unordnung in eine Geordnetheit zu führen. Es bedarf nur einer kleinen Kerze, um eine große Dunkelheit zu erhellen.

Jede Menschenseele, die sich – aus eigener Freiheit und Einsicht – von der Anziehungskraft der Materie befreit, trägt unmerklich dazu bei, auch ihre Erdengeschwister lichter zu machen. So wird einst die Erde aufsteigen in die Familie der halb-materiellen Welten.

10.
Geschenktes und Selbsterrungenes

„Auch Welten entwachsen den sie führenden Gesetzen. Zuerst unter der Herrschaft endlicher Gesetze, ermöglichen sie durch ihren Fortschritt, durch ihre Entwicklung immer mehr das Eingreifen ewiger Gesetze, bis diese den materiellen Gesetzen die Herrschaft abnehmen und die Bewohner dieser Welt auch deren Herren werden. Das ist das Entwicklungsende einer materiellem Welt und die Möglichkeit zu deren Verwandlung in eine halb-materielle Welt. …

Wir Geister sind eine wunderbare Mischung: Alles, was wir haben, ist ein Geschenk Gottes und doch zugleich Selbsterrungenes."

Martin Buber dokumentiert in seinen berühmten „Chassidischen Erzählungen“, jener einzigartigen Quelle osteuropäischer jüdischer Mystik, einen Ausspruch des Baalschem: „Du musst auch den Tisch erlösen, an dem du sitzt.“

Wenn man den Baalschem, jene sagenumwobene Gründergestalt des Chassidismus, ernst und wörtlich nimmt, dann kann sein Ausspruch nur bedeuten, dass alles, was ein Mensch berührt, von seiner Energie durchdrungen und imprägniert wird – im Positiven wie im Negativen. Wenn seine geistige Kraft schon weit entwickelt ist, vermag sie transformierend auf die Materie einzuwirken. Die neutestamentliche Überlieferung bezeugt solche Fähigkeiten für Jesus von Nazareth, was ein Hinweis darauf wäre, die biblischen Erzählungen nicht als fromme Legenden einzuordnen.

Auch von indischen Yogis oder tibetischen Lamas werden solche Fähigkeiten berichtet. Man kann nicht guten Gewissens Tausende von sorgfältig dokumentierten und von glaubwürdigen Zeugen übermittelte Augenzeugenberichte samt und sonders anzweifeln und als religiöse Folklore abqualifizieren. Im Gegenteil gilt: Es gibt überzeugende Beweise, dass der Mensch die Materie verwandeln kann. Wenn dies heute Einzelnen möglich ist, spricht die menschliche Schlussfolgerungsfähigkeit dafür, diese Befähigung in Zukunft auch für größere Kreise anzunehmen. Dies dürfte der Hintergrund sein, weshalb schon heute große Physiker bekennen: „Es gibt keine Materie!"

Der Mensch ist ein Übergangswesen; er ist ein Zwischenglied zwischen der materiellen und der halb-materiellen Ebene. Weil er auch schon Aspekte der halb-materiellen Welt erkannt hat, vermag er aktiv an der Transformation der materiellen Stufe mitzuarbeiten. Er könnte bei der Verwandlung seiner Gedanken beginnen – und mit der Erlösung seines Tisches enden.

Bedeutsam sind auch Emanuels Ausführungen über die Polarität zwischen Geschenktem und Selbsterrungenem. Er beantwortet damit die uralte Menschheitsfrage, ob echte geschöpfliche Kreativität möglich oder letztlich alles nur Gottes Wirken ist.

Offenbar ist es eine Mischung aus beidem! Die „im Anfang“ gegebene Willensfreiheit *und* Schöpferkraft bieten die Möglichkeit, unter Hinwendung zur göttlichen Quelle, eigene, neue Werke zu erschaffen, die dann tatsächlich Selbsterrungenes darstellen. Es bedurfte also, um die 9. Sinfonie zu komponieren oder die Mona Lisa zu malen, *sowohl* der Inspiration aus der Himmelswelt *als auch* des eigenen Beitrages eines Beethovens oder Leonardo da Vincis. Die Schöpfung *mit* ihren Geschöpfen ist möglicherweise auch für Gott eine andere als ohne sie.

Wir sind hier vielleicht einem der großen Geheimnisse der Schöpfung auf der Spur, wobei die Entschlüsselung dieses Geheimnisses ebenfalls wieder Gegebenes und Selbsterrungenes sein dürfte.

11.
Vollkommenheit

„Es ist unmöglich, dass das Unvollkommene und besonders das in der Materie Befangene und Gefangene das Wesen und Wirken der absoluten, ewigen Vollkommenheit erfasse und verstehe. Kinder, dieser Gott!“

An dieser Stelle betont Emanuel erneut die Unmöglichkeit, dass das Unvollkommene die göttliche Vollkommenheit auch nur erahnen könne. Er gibt aber nachfolgend eine wichtige Ergänzung, die für die Gesamtperspektive der Entwicklung allen Leben bedeutsam ist.

„Wir streben dieser Gottheit zu mit jedem Kraftatom unseres Geistes. Wir wissen, dass wir mehr und immer mehr von diesem Geistschatz (eure Worte decken solche Begriffe nicht mehr) in uns werden aufnehmen können – doch gleichwerden mit dieser Gottheit können wir niemals. Ewig bleibt ein Unterschied zwischen absoluter, ewiger Vollkommenheit und gewordener Vollkommenheit, zwischen Unerschaffenem und Erschaffenem. Vollkommenheit ist das Ziel der Schöpfung; doch kann kein Wesen mehr als die Vollkommenheit seiner Wesenheit erreichen. Die Geistschöpfung erreicht die Vollkommenheit ihrer Wesenheit; doch kann sie nie die Vollkommenheit anderer Wesenheit erreichen. Erschaffenes, Relatives kann sich nie mit dem Unerschaffenen, dem Göttlichen vermischen.

Ziel der Schöpfung ist es, dass eine vollkommene Geisterwelt die Gottheit umgebe, dass jeder einzelne Geist die Vollendung seiner Wesenheit erreiche, dass die Vollendung seiner Liebe und Erkenntnis ihm die Vollkommen-

heit seiner Freiheit gebe. Wenn Liebe und Erkenntnis vollkommen sind, ist das Ziel erreicht, und es bedarf keiner Führung, keiner Einschränkung mehr. Erfasst doch dies, ihr Menschen, und freut euch darüber.“

Hier finden wir ein bewegendes Plädoyer für die individuelle Einzigartigkeit der Geschöpfe. Nichts Geschaffenes löst sich je in der Unerschaffenheit Gottes auf. Alles reift zu seiner ureigenen Bestimmung, so wie es Martin Buber treffend formulierte: „Jeder hat einen Zugang zu Gott; aber jeder einen anderen.“

Wenn diese Gesetzmäßigkeit endlich auf Erden verstanden wird, dann endet jeglicher religiöser Konflikt. Niemand muss mehr bekehrt werden, sondern jeder darf dem anderen zuhören, um mehr von der Schöpfungsvielfalt zu verstehen. Der Andere, jeder Andere, ist eine einzigartige Ausdrucksform des Gottesgeistes. Will ich mehr von Gottes Schöpfung verstehen, muss ich meinen Nächsten verstehen; und um ihn wahrhaft verstehen zu können, muss ich ihn zuerst *lieben*. Ohne ihn zu lieben, werde ich ihn nicht verstehen können.

Unter diesem Blickwinkel bekommt das zentrale christliche Gebot der Nächstenliebe eine ganz andere Dimension. „Liebe deinen Nächsten wie dich selbst" meint in Wahrheit: „Liebe deinen Nächsten, um so Gott besser zu verstehen." Nur in der Begegnung mit einem Du erschließt sich ein neuer, weiterer Aspekt Gottes. Echte Begegnung ist in letzter Konsequenz wahrhafte Gotteserfahrung.

„Es ist unmöglich und undenkbar, dass jemals geschaffenes Licht sich vermischt mit Urlicht; aber indem es sich in dieses taucht, muss es sich nach ewigen Gesetzen zur Vollkommenheit seiner Wesenheit herauskristallisieren."

Die vollkommene Erfahrung Gottes ist nicht möglich, auch nicht für freie Geister. Wenn ein 'Mystiker' daher behauptet, er sei „eins mit Gott", dann bewertet er offensichtlich seine eigene spirituelle Erfahrung über – oder er sagt die Unwahrheit, weil er verblendet ist.

Viel wahrscheinlicher dürfte es sein, dass wir Gott in allen möglichen Formen und Verkleidungen begegnen können. So wies Yogananda seine Mutter, die ihm nicht zum wiederholten Male Geld für einen der vielen indischen Bettler geben wollte, darauf hin: „Mutter, gib mir etwas für ihn. Es könnte Krishna in Verkleidung sein!"

Auch die kleine „Kapelle des Buches" ist ein Ort der Begegnung mit dem Göttlichen. Jede Zeile der Originalschrift atmet den Geist des Allerhöchsten; und so wird das Wort zur geschriebenen Offenbarung.

Versetze Gott nicht in einen fernen Himmel, du könntest ihn dort verpassen. Erwarte aber, ihn nebenan zu treffen. Er ist dort – und in allen Welten des Universums. Sagt nicht schon das Wort *Uni-versum*, dass alles dem Einen zugekehrt ist?

12.
INDIVIDUALITÄT

„Du kannst jede Individualität einen Gedanken Gottes nennen, einen gottgegebenen Namen. Die Art, der Stempel, das Antlitz des Geistes – sie sind dasjenige, was verhindert, dass die Geister beim Erreichen ihrer Vollkommenheit zu einer Einheit zusammenfluten, wie ihr es auszudrücken versucht, wenn ihr sagt: „Die Geister werden aufgehen in Gott“, oder wie mancher Buddhist seine Individualität im Nirvana untergegangen glaubt.“

Emanuel verleiht dem individuellen Wesen sein höchstes Prädikat als „Gedanken Gottes“. Man könnte, aus menschlich-historischer Sicht betrachtet, geradezu annehmen, er habe die Ideenlehre Platons zugrunde gelegt, wo Gott zur

„Idee des Guten" wird. Allerdings versteht Emanuel seine „Ideen" oder „Gedanken" als dynamische Schöpfungsformen. Das Individuum ist kontinuierlich auf dem Weg, um seine ihm entsprechende Ausdrucksform zu verwirklichen; und nimmt man seine früheren Ausführungen hinzu, so gelangen sie nie an ein finales Ziel. Sie befinden sich gewissermaßen auf einer *ewigen Annäherung.*

„Halte die Begriffe Geist und Individualität klar auseinander, denn sie decken sich nur zum Teil. Geist ist jene Schöpfung Gottes, die gottähnlich beeigenschaftet ist mit freiem Willen, der Fähigkeit höchster Erkenntnis und höchster Liebe. Er hat als Stempel, als Antlitz, als Eigenart, als Name, als Schlussstein jener Einheit, die es ihm unmöglich macht, jemals unterzugehen, das heißt, sich in einem anderen Geistwesen (und sei es der Urgeist selbst) aufzulösen – die Individualität erhalten."

Damit wird das Missverständnis vermieden, die jeweilige individuelle Ausdrucksform bereits für den vollendeten Gedanken Gottes zu halten. Selbst wenn der gefallene Geist wieder seine ursprüngliche Reinheit zurückgewonnen hat, entwickelt er sich weiter.

In seiner Botschaft setzt sich Emanuel hier sogar ausgesprochen direkt von jenen östlichen Traditionen ab, die das Individuum entweder vergotten – *ich bin Brahman* – oder einen finalen Entwicklungspunkt erreichen lassen. Auch ein Buddha entwickelt sich weiter. Er mag eine Form von menschlicher oder irdischer 'Allwissenheit' erreicht haben, angesichts der Unendlichkeit ist jedoch auch dies nur eine Zwischenstufe.

Kein menschliches Wesen erlangt vollkommene Gotteserkenntnis, weil es sie *prinzipiell* nicht gibt und zudem die Menschheit, von ganz wenigen Ausnahmen abgesehen, ausschließlich aus gefallenen Geschöpfen besteht, die sich zuerst aus der Materie befreien müssen, um allmählich wieder in ihre wahre Geistigkeit zu finden. Der in die Materie abgeglittene Mensch ist, wie Platon in seinem „Höhlengleichnis“ so treffend beschrieb, nur ein schattenhaftes Abbild seiner eigentlichen Geistnatur.

13.
Selbstlosigkeit

„Strebt wahre Selbstlosigkeit an, liebe Menschen. Ihr könnt nur in dem Maße glücklich sein, in dem ihr das wahre Glück eurer Brüder und Schwestern mit ganzer Kraft, mit reiner, starker Liebe fördert.

Gott ist Liebe. Indem ihr in der Liebe lebt, steht ihr trotz eures materiellen Kleides in dem Lichtkreis gesetzlicher Geister und empfindet als solche den wahren Frieden, die wahre, aufjauchzende Freude, die nur von jenen empfunden werden kann, die sich durch alle Schatten des trägen Anerkennens in das reine Licht des Erkennens und Lebens durchgerungen haben. Seid wahr, seid treu und verschlaft nicht euer kostbares Erdenleben. Jeder Augenblick ist von Wert für euch.“

Diese Worte spiegeln die alte, wahrhaft esoterische Lehre wider, wonach niemand allein erleuchtet werden kann. Wenn alles mit allem verbunden ist, dann ist das Leid (Karma) meines Nächsten auch mein Leid. Kein großer spiritueller Lehrer der Vergangenheit hat je etwas anderes gelehrt.

Auch wenn das menschliche Bewusstsein noch nicht in den letzten Tiefen verstanden hat, wie das Gesetz des Karma wirkt, so ist es doch in den vergangenen hundert Jahren deutlich geworden, dass es karmische Strukturen des Individuums, der Familie und eines Landes gibt.

Jeder wird aus eigenem Erleben nachvollziehen können, wie sein Schicksal das seiner Familie beeinflusst; und die Geschichte eines Landes wirkt zurück auf seine Bürger. Ein Schweizer unterliegt anderen Schicksalsbedingungen als ein Deutscher, obwohl sie Nachbarn sind und teilweise die gleiche Sprache sprechen. Doch trotz der äußeren Faktoren bleibt jeder von ihnen frei, sich für diesen oder jenen Weg entscheiden zu können.

„Wie im Kleinen – so im Großen“, lehrt die alte hermetische Weisheit. Wendet man dieses Gesetz einmal auf die planetarische Situation an, so könnte es sein, dass Wesen auf anderen Planeten, in anderen Sonnensystemen oder in viel höher schwingenden Sphären aus der Solidarität der Geister heraus ihren noch in der Dunkelheit wandernden Erdengeschwistern zu Hilfe kommen.

Wäre die Menschheit überhaupt in der Lage, aus sich heraus die materielle Stufe zu überwinden? Sind jene Kräfte, welche das Gesetz der Selbstlosigkeit bereits vorleben, stark genug, um die Gesamtheit positiv zu beeinflussen? Und kamen die ersten Impulse, um selbstlose Liebe vorzuleben, nicht von göttlichen Boten, die aus Liebe in die Tiefe hinabstiegen, um uns ein „Licht auf dem Pfad“ zu sein?

Wenn die Menschheit, in der Nachfolge jener Lichtboten, beginnt, auf dem Pfad der Liebe zu wandeln, erhält sie im innersten Wesenskern bereits wieder ein Gefühl von jener Herrlichkeit, die sie erwartet. Wer in der Liebe ist, ist wieder in der Reinheit seiner einstigen Ausgangsstufe – zumindest für Augenblicke.

Für dieses Liebeslicht, das die Erdenmenschheit aus himmlischen Sphären erhielt, dürfte sie zu größerer Dankbarkeit verpflichtet sein, als sie im Augenblick wohl erahnt.

14.
Gnade

„Ihr redet so viel von der Gnade Gottes. Seid ihr euch auch ganz klar, was ihr darunter zu verstehen habt? Gott ist die Liebe, das ist seine Ureigenschaft, und allein diese Eigenschaft bedingt eure Seligkeit, wie die Weisheit die Wege zu diesem Ziel gebaut hat. Diese Liebe zeigt sich dem gefallenen und dem unreifen Teil der Geister-Schöpfung in Verwandlungen. Solche Verwandlungen sind Gnade und Gerechtigkeit. Jenen Geistern gegenüber, die nie gefallen sind, bedurfte es auch keiner solchen Verwandlung der Ureigenschaft. Sie leben in ihr und für sie, im reinen, ungebrochenen Licht. Das Licht der Urliebe brach sich zuerst durch den Sündenfall der Geister und wurde für sie zur Gnade, als deren Folge das Gesetz der Sühne durch Arbeit entstand. Solange es daher Fall und Sünde gibt, so lange ist das Licht gebrochen und besteht

die sichtbare Farbe „Gnade". Doch wendet sich diese Gnade nicht mehr dem einen als dem anderen Geistwesen zu, da sie eng verbunden ist mit der anderen, durch den Fall bedingten Farbe „Gerechtigkeit". Folglich muss jede Willkür ausgeschlossen sein."

Bezüglich der Vorstellung von Gnade stehen sich auf Erden Ost und West scheinbar unversöhnlich gegenüber. Während die eine Seite auf das Karma-Gesetz und die Erlösung durch eigenes Bemühen setzt, stellt die andere die 'Errettung' allein aus Gnade entgegen. Der Mensch ist so tief gefallen, dass ihn nur die Gnade erretten kann.

Emanuel vertritt in seinen Darlegungen einen ganz anderen Ansatz. Erst durch den Fall tritt die Gnade überhaupt in die Existenz und wird zum „Gesetz der Sühne durch eigene Arbeit". Man kann sich des Eindruckes nicht erwehren, als seien Gnade und Karma in seiner Perspektive nur zwei Seiten einer Medaille.

Wieder spielt die Willensfreiheit eine Schlüsselrolle. Wenn Gott sein Geschenk der Freiheit nicht zurückfordern will, muss die Freiheit des individuellen Geistes in einen neuen Rahmen eingebettet werden, um gewahrt zu bleiben. So kann Freiheit bis hinab in die materiellen Ebenen des menschlichen Dasein aufrechterhalten werden.

Der Missbrauch der Freiheit führt in eine neue Gesetzlichkeit, die einen Ausgleich oder eine Wiedergutmachung durch eigenes Tun beinhaltet. Eine unendliche weise Voraussicht umhüllt die gegengesetzliche Handlung mit einem Schleier der Liebe und ermöglicht es den gefallenen Geistern so, ihre Schuld zu erkennen und – aus eigener Kraft – auszugleichen und umzukehren.

Was ursprünglich ein rein geistiges Geschehen war, hat sich in einem Äonen dauernden Prozess bis in Sphären fortgesetzt, zu denen auch unsere Erde gehört. Karma wird zur Gnade, indem der Mensch seine Verfehlungen immer wieder neu ausgleichen kann. Niemand wäre in der Lage, sein gegengesetzliches Tun in einem Erdenleben wieder in die kosmische Ordnung zu schwingen. Daher wird ihm stets eine neue Chance geboten.

Das zentrale Argument des Ostens gegen die christliche Gnadenlehre ist stets – und als Einwand natürlich berechtigt – das Element der Willkür. Wenn es keine gleichsam unparteiische Gesetzmäßigkeit gibt, dann verteilt Gott seine gnadenhafte Zuwendung wie einst ein Monarch im feudalistischen Zeitalter. Diese Vorstellung weist Emanuel eindeutig zurück.

Die Gnade fließt allen Geschöpfen zugleich und absolut gerecht zu. Bildhaft gesprochen, könnte man sagen, die Gnade gleiche einem nie endenden Strom aus den himmlischen Liebesquellen, der sich unaufhörlich auf die materiellen Planeten ergießt. Jeder Einzelne ist aufgerufen, sich für diese Gnade zu öffnen und sie in sein Leben einzuladen.

Keine andere Erzählung verdeutlicht dieses Geschehen besser als die Legende vom Gral. Der Gralskelch sammelt das Wasser des Lebens in sich. Es muss ein KELCH sein, um etwas empfangen zu können. Zudem bezieht sich der Grals-Mythos auf jenen Kelch, den Jesus unter seinen Jüngern herumreichte – das Symbol für die Bruderschaft der Menschheit. Alle Menschen sind in letzter Konsequenz Geschwister.

In den Grals-Erzählungen und -Überlieferungen spielen Liebe und Mitgefühl eine entscheidende Rolle. Nur derjenige, der sich in die Liebe verwandelt, vermag den Gral zu erschauen.

In dieser tiefsinnigen Symbolik steht der Gral für das geöffnete Herz, das jenes Gnadenlicht empfängt, das immer und unaufhörlich ausgegossen wird auf alles Leben – es muss nur aufgenommen werden. Jeder muss sein Herz selber öffnen – Geschenktes und Selbsterrungenes!

15.
Das Leid

„Das Leiden ist eine Folge der Sünde: Ich möchte es die Schöpfung der Sünde nennen. Gottes Gnade und Barmherzigkeit verwandelte die Sündenfolge zu einem Hilfsmittel, mit welchem seine gefallenen Kinder ihre große Schuld abzuzahlen vermögen. Es ist dies eine geistige Alchemie, derer nur Gott fähig ist. Die Folge der Sünde zu einem geistigen Gold zu verwandeln und diese dem Kind zur Abzahlung seiner Schuld zu geben. Dadurch, dass Gottes Gnade die Sündenfolge, das Leiden, zur Sühne verwandelte, wird das Leiden vom reifenden Geistwesen nicht mehr als drückende Last allein empfunden. Der Geist fühlt im Leiden den Gnadenhauch Gottes, der dem Leiden ausreifende, heilende Kraft verleiht.“

Im Mittelalter gab es den Spruch: „Das Leiden ist der Sünde Sold." Emanuel drückt es schöner und fast poetisch aus, wenn er von „geistiger Alchemie" spricht. Es geht um die Verwandlung von Schuld, ohne die Freiheit des eigenverantwortlichen Handelns aufzuheben. Hier stoßen wir erneut auf eines der ganz großen Schöpfungsgeheimnisse.

Wer sich lange mit Karma befasst hat und dabei intensiv und achtsam das menschliche Alltagsleben beobachtet hat, wird voller Ehrfurcht vor der Weisheit jener Wesenheiten stehen, die in der esoterischen Tradition als die „Hüter des Karma" bezeichnet werden. Was der Mensch als Schicksal bezeichnet, zeigt sich als unendliche Güte und allverzeihende Liebe – und in jedem Fall in ganz einzigartiger Auswirkung.

Der einflussreiche theosophische Autor Charles W. Leadbeater hat einmal anlässlich eines Vortrages über seine mittels Hellsichtigkeit durchgeführten Forschungen folgende Anekdote erzählt: „Wenn Sie in die Theosophische

Gesellschaft kommen und als Thema des Abends wird „Die Geheimnisse des Karma“ angegeben, dann kann Ihnen zweierlei widerfahren: Beim ersten Vortrag werden Sie auf einen dynamischen jungen Referenten treffen, der Ihnen klar und unmissverständlich erläutert, wie genau das Karma-Gesetz wirkt: „So und so und so!“ Sie sind beeindruckt. Dann kommen Sie nach einigen Wochen erneut in die Theosophische Gesellschaft – und wieder steht ein Karma-Vortrag auf der Tagesordnung. Diesmal jedoch spricht ein alter Theosoph zu Ihnen, und er wird Ihnen sagen: „Wie Karma wirklich wirkt, haben wir noch nicht einmal im Ansatz verstanden.““

Diese kleine Geschichte bringt zum Ausdruck, dass es einer großen Lebenserfahrung bedarf, um die Wirkweisen des Karma wahrhaft zu erfassen; und je mehr Erfahrung ein ernsthafter Theosoph gesammelt hat, desto demütiger wird er angesichts der unfassbar intelligenten Vorgehensweise jener machtvollen Wesen, die menschliche Benennung als „Hüter des Karma“ zu umschreiben versucht.

Es stellt eine seltsame Eigenart menschlichen Denkens dar, die doch ganz offensichtlich wirkende schicksalhafte Fügung und Führung im Erdengeschehen zu ignorieren oder ihr ausgesprochen eigenwillige und irrationale Erklärungsmodelle anzudienen.

Der Materialist ist völlig eindeutig: „Alles ist Zufall." Der ein wenig Gläubige schließt ein Einwirken höherer Mächte nicht ganz aus, und der wissenschaftlich-psychologisch Gebildete bemüht Synchronizität oder Nichtlokalität sowie weitere psychologische oder physikalische Modelle, um das Leben nicht sinnlos erscheinen zu lassen, ohne die göttliche Gerechtigkeit einzubeziehen.

Die Lehre von Saat und Ernte dagegen ist ganz einfach: Jede Wirkung hat eine Auswirkung!

Das Wunderbare an diesem einfachen Gesetz ist seine Anwendung. Jedes menschliche Leben ist einzigartig, und jeder Mensch bedarf einer anderen Anwendung des Karma-Gesetzes, um durch diese spezielle Anwendung – unter Wahrung seiner Freiheit – den Weg zurück zu finden.

Leadbeater erblickte einmal in einer geistigen Schau um den Menschen so etwas wie ein „kosmisches Spinnennetz“, das sich von der Erde in unendliche Weiten zu erstrecken schien. Entlang der Bahnen dieses Netzes weben majestätische Wesen das Gewebe des Schicksals – gerecht und voller Liebe.

16.
Geistige Prüfungen

„Du magst fragen: „Warum das Schwere noch erschweren?“ Es gibt eben Gesetze, von denen ihr nichts wisst, und ein solches Gesetz ist, dass den Geist in einem Reifepunkt alles früher einzeln Überwundene vereint angreifen muss, um seine Kraft zu erproben. Es lehrt euch dies die Geschichte von Hiob. Es kommt über jeden Geist eine solche Zeit stets vor jedem geistigen Wendepunkt in seinem Leben, vor dem Übergang von einer Weltenstufe oder Sonne zur anderen. Jede Prüfung, in der er einmal schwach gewesen und gefallen ist, kommt wieder an ihn heran, und zwar, wenn er in der Zwischenzeit geistig gereift ist, in einer Gestalt, die für ihn jetzt ebenso schwer zu bekämpfen ist wie früher die Versuchung, in der er gefallen ist.“

Dies sind Worte, die sich in einer Spaßgesellschaft, in der alles „easy“ gehen soll und das Lebensprinzip heißt „Don’t worry, be happy“, natürlich wenig Popularität erfreuen. Für jemanden allerdings, der den „Geistigen Pfad“ betreten möchte, erhalten sie eine entscheidende Bedeutung.

Niemandem wird eine geistige Aufgabe übertragen, bevor er nicht geprüft wurde, ob er ihrer würdig ist. Am Anfang mag es nur eine kleine, unbedeutende sein – doch auch sie gilt es zu meistern. Wer eine kleine Herausforderung nicht zu bestehen vermag, wird mit einer größeren nicht betraut werden.

In den Mysterienschulen der Antike waren die Regeln für die Einweihungs-Kandidaten klar umrissen und jedem, der sich ihnen unterziehen wollte, in allen Einzelheiten bekannt. Niemand wäre auch nur auf die Idee gekommen, sie infrage zu stellen. In letzter Konsequenz wären der Hohepriester oder die Hohepriesterin eingeschritten, um einen Missbrauch zu verhindern.

Die Mysterien der Einweihung waren zudem durch eine geheimnisvolle Vorkehrung geschützt. Wollte jemand widerrechtlich das Einweihungswissen entheiligen, wurde ihm in diesem Moment die Erinnerung daran entzogen. Dabei geht es nicht um Geheimhaltung an sich, gewissermaßen als Selbstzweck, denn das Wissen steht allen zur Verfügung, die reif genug sind, um es zu empfangen. Die Gefahr liegt auf der anderen Seite; denn wenn eine unreife Seele geistiges Wissen in die Hände bekäme, ohne es wirklich zu erfassen, dann könnte durch falsche Anwendung großer Schaden entstehen.

Zwei überzeugende Beispiele für den Versuch, die Einweihung zu erzwingen, ohne die dafür erforderliche Reife zu besitzen, lieferten Elisabeth Haich in ihrem Buch „Einweihung" sowie H.K. Challoner in ihrem Werk „Das Rad der Wiedergeburt". Die betreffenden Personen mussten viele leidvolle Erdenleben durchlaufen, um den Missbrauch eines geistigen Gesetzes auszugleichen. Dabei darf nicht aus den Augen verloren werden: „Der Mensch wird *von* seinen Sünden betraft, nicht *für* sie!"

Auch die modernen esoterischen Traditionen wenden jene Lehre an, die Emanuel übermittelte. So forderte Rudolf Steiner seine Schüler auf: „Wenn du *einen* Schritt vorwärts zu machen versuchst in der Erkenntnis geheimer Wahrheiten, so mache zugleich *drei* vorwärts in der Vervollkommnung deines Charakters zum Guten.“

Wer eine geistige Aufgabe übertragen bekommt, um seinen Mitgeschwistern zu helfen, der darf unter der Last seiner Bürde nicht zusammenbrechen. Zudem muss er über die innere Stärke verfügen, um Angriffen gegensätzlicher Kräfte standzuhalten sowie das Verlachtwerden vonseiten der Unwissenden gelassen zu ertragen. Der Erdenmensch darf nie aus den Augen verlieren: Die Erde ist ein unerlöster Planet. Sie ist eine jener Welten, auf der Gut und Böse unvermittelt aufeinandertreffen.

Jeder Diener des Lichtes muss über die innere Stärke verfügen, den Angriffen und Versuchungen der dunklen Seite standzuhalten.

17.
Reinkarnation

„Es ist Gesetz, dass eine bestimmte Entwicklungsstufe den Geistern die Verbindung mit der Materie notwendig macht. Daraus geht hervor, dass eine höhere Entwicklungsstufe den Geist außerhalb der Anziehungskraft der Materie bringen muss. Es unterliegt also ein Geist nicht einer bestimmten Anzahl von Reinkarnationen, sondern er hat in der Verbindung mit der Materie einen gewissen Kreis der Wahrheit zu erkennen und gemäß dem Erkannten zu leben.“

Die Reinkarnation ist kein Selbstzweck, und sie erstreckt sich auch nicht endlos als Wiederkehr des immer Gleichen. Der Reinkarnationsprozess auf Erden endet in dem Augenblick, da die Seele keine Anziehung durch individuelle

Versuchungen mehr verspürt und zudem keine neuen Erkenntnisse mehr durch eine erneute Inkarnation erlangen könnte.

„Die erste Anschauung der Schöpfung einer Seele durch die irdische Geburt ist die kindlichste und entspringt aus der Kleinlichkeit und der mangelnden Erkenntnis, welche das Sandkorn Erde als die wichtigste Schöpfung erscheinen lassen, um derentwillen die übrige Schöpfung entstanden sei. Die Sternenwelt etwa zu dem Zweck, dass die 'Krone der Schöpfung', der Erdenmensch, nachts hübsche leuchtende Pünktchen zu bewundern habe. Über diese Anschauung bedarf es keiner weiteren Worte; der inkarnierte Geist entwächst ihr bald.

Die Annahme, dass der Geist einer bestimmten Anzahl von Reinkarnationen unterworfen ist, widerspricht der Freiheit des Geistes, welche, wenn auch durch Unvollkommenheit beschränkt, immerhin ein niemals völlig zu vernichtendes Geistesattribut ist. Für den Geist auf einer gewissen Entwicklungsstufe enthält das Leben in der

Materie bestimmte Lehren, bestimmte Prüfungen, durch welche seine Kräfte ausgebildet werden. Die Zeit ist jedoch nicht Herrin des Geistes, so dass er eine bestimmte Zeit in einer bestimmten Entwicklungsstufe gefesselt bleiben könnte. Er ist frei, die Lehren, das ewig Gute, was in jeder Geistatmosphäre liegt (ob diese nun dichte Materie, Halbmaterie oder Geistsphäre heißt), mit mehr oder weniger Willenskraft aufzunehmen. So bestimmt er selbst die Zeitdauer seines Gebundenseins an die Welten der Materie.

Dass der Geist sich in Tierform inkarniert, ist aufgrund der Attribute seiner Wesenheit – Freiheit, Liebe und Erkenntnis – unmöglich. Es kann eine Wesenheit nur eine solche materielle Form annehmen, durch welche dieselbe zum Ausdruck zu gelangen vermag. Es gibt in Gottes Gesetzeswelt nicht Zweckloses, und zwecklos wäre eine Lebensform, die den Lebenskern in seiner Entwicklung hemmt. Es kann also der Geist des Erdenmenschen nicht in der nächsten Inkarnation ein Tier sein."

Es ist eine tragische Entwicklung in den monotheistischen Religionen, eine geradezu kindliche Seelenlehre zu verkünden. Die Vorstellung, bei jeder Geburt würde eine neue Seele jungfräulich geschaffen durch göttlichen Eingriff (Kreatianismus) oder entstehe auf geheimnisvolle Weise aus der elterlichen Substanz (Traduzianismus) verweist Emanuel ins Reich der Fabel.

Als ein Konzil im Jahr 533 die Präexistenzlehre des weisen Kirchenvaters Origenes verurteilte, erlosch der letzte Funken einstigen geistigen Wissens in der Kirche; denn wenn nichts prä-existierte, konnte sich auch nichts re-inkarnieren.

Die Vorstellung, es könne auch eine Reinkarnation in Tiere geben, ist aus der östlichen Tradition in den Westen transportiert worden. Auch ein so angesehener Mann wie Ramana Maharshi vertrat sie. Indiens große Yogis waren sich in dieser Frage uneins; und so verwarf beispielsweise Sri Aurobindo sie mit überzeugenden Argumenten.

„Wie wenig aber lernt der Geist in einem Menschenleben! Wie schwach ist seine Erkenntnis wahrer Liebe und Güte, und überdies ist die Erkenntnis der Betätigung derselben meistens noch weit voraus. Bis aber ein Geist die Lehren und relativen Wahrheiten einer Welt erfasst, erkannt und betätigt hat, ist er an diese Welt gebunden. So macht er alle Klassen dieser einen großen Schule durch (denn für den Durchschnittsgeist eurer Sphären ist ein Sandkorn, wie diese Erde, eine große Schule), und erst wenn diese Lehren ihm nichts mehr zu geben haben, ist er reif für höhere, weil geistigere Lehre. Daraus ergibt sich das Gesetz der Reinkarnation. Wenn der Geist den Menschenkörper abgelegt hat und, im Geistigen stehend, das vergangene Erdenleben durchblickt, erfasst ihn die Reue über versäumte Gelegenheiten, missachtete Lehren, über das Gute, das ungetan geblieben, über das Schlechte, das mit Freuden getan wurde. Dankbar ist er dann, in einem weiteren Erdenleben erweiterte Erkenntnisse erringen zu dürfen."

Hier finden wir eines der überzeugendsten Argumente zugunsten der Reinkarnationslehre. Wenn man viele Menschenleben betrachtet, drängt sich unmittelbar der Eindruck auf, die inkarnierte Seele habe sich vom Beginn der Inkarnation bis an ihr Ende kaum gewandelt. Offensichtlich vergeht bis zum *Erwachen* eine viel längere Zeit, als allgemein angenommen wird. Ganz abgesehen von dem Faktum, dass, mit weltlichen Augen gesehen, auf der Erde ja gänzlich ungleiche Verhältnisse herrschen. Schon die normale weltliche Bildungspolitik stellt die Chancenungleichheit heraus, welche die Chancen des Einzelnen fördert oder mindert. Ohne das Wissen um die Reinkarnation müsste man angesichts dieser Tatsache an der Gerechtigkeit Gottes erhebliche Zweifel anmelden.

„Wenn ihr behauptet, ein Geist könne durch Anspannen aller seiner Kräfte in einer Inkarnation die Entwicklung eines Durchschnittsmenschen bis zur Stufe Christi durchmachen, so beweist ihr durch diese Behauptung, dass euch jede Kenntnis der allgemeinen Entwicklungs-

gesetze fehlt. Ihr müsst euch aber durch die Erkenntnis, dass eurem Fortschritt während einer Inkarnation gewisse Grenzen gezogen sind, nicht hindern lassen, mit aller Kraft an eurer Veredelung zu arbeiten."

Die Erde ist eine Entwicklungsschule für gefallene Geistwesen. Sie ist ein Staubkorn im Universum. Ohne die Gnade der Herabkunft liebevoller Lichtwesen könnte sie kaum den Aufstieg in die Familie der Lichtplaneten meistern.

Wenn Menschen meinen, sie seien *vollkommen erleuchtet* oder hätten gar *Gottesbewusstsein verwirklicht,* dann kann man anhand dieser Aussagen schon einen großen Bogen um sie schlagen. Bereits das ehrwürdige alte Tao te King lehrte: „Wer es weiß, der sagt es nicht. Wer es sagt, der weiß es nicht."

Die tiefsten Einsichten werden nicht auf den Marktplätzen der Welt verkündet. Sie werden in der Stille von Mund zu Mund weitergegeben. Wer ein Diener des Allerhöchsten ist, ist demütig. Wer nicht demütig ist, ist nicht vom Licht der höheren Welten berührt worden.

18.
Karma

„Wie kann ein Gott der Gerechtigkeit – und diese ist im Begriff Vollkommenheit eingeschlossen – dem einen Menschen gute Eigenschaften geben, und es ihm dadurch ermöglichen, zu verstehen, was geistige Freude ist, so dass er als Mensch dem Geistigen zustrebt wie die Sonnenblume der Sonne – während derselbe Gott ein anderes irdisches Leben im Laster beginnen und beschließen lässt, um es diesem Wesen durch raschen Fortschritt im geistigen Leben wiedergutzumachen? Wie könnte Gott einer solchen Willkür fähig sein? Nein, ein Wiedergutmachen ist für Gott ausgeschlossen. Nicht das Ziel allein ist gut, sondern jeder Schritt des Weges, und das Gutsein verlangt Gerechtigkeit und Unwandelbarkeit während jeder Sekunde eurer Erdenzeit. Was nicht einmal euren

Gerechtigkeitssinn befriedigt, wie ist es als Handlung Gottes denkbar?"

Immer, wenn sich auf Erden eine Katastrophe oder ein tragisches Unglück ereignet, wird in den Trauerreden der berüchtigte „unerforschliche göttliche Ratschluss" ins Spiel gebracht. In der Tat sind Gottes Wege für menschliches Denken oft unbegreiflich; aber diese Aussage intendiert im Wort „unerforschlich" durchaus Willkür sowie eine mögliche Wiedergutmachung im Jenseits. Genau diese Vorstellung lehnt Emanuel hier entschieden ab.

Das Karma-Gesetz ist unbestechlich und von göttlicher Präzision. *Jeder Schritt* ist von einer absoluten Gerechtigkeit bestimmt. Niemandem wird auch nur ein Haar gekrümmt oder ein Cent gestohlen, ohne eine dies bewirkende beziehungsweise auslösende Ursprungshandlung. Durch eine bestimmte Handlungsweise wird eine bestimmte Energie ausgesandt, die eine absolut gleiche Energie zur Folge hat. Welche konkrete Form diese *zurückströmende Energie* dann annehmen mag, obliegt allein den „Herren des Karma".

Es zählt zu den eigenartigsten historischen Wendungen des abendländischen Denkens, dass es in fast allen wichtigen Aspekten auf den Schultern der antiken griechischen Philosophen oder der Neuplatoniker steht – aber die Reinkarnations- und Karma-Lehre systematisch ausgeblendet hat. Wahrscheinlich wirkte über viele Jahrhunderte der Konzilsbeschluss von 533 gegen die Präexistenz der Seele bis ins Spätmittelalter nach. Erst das Fanal, das von der Verbrennung Giordano Brunos durch die römische Kirche am 17. Februar 1600 ausging, löste letztlich den siegreichen Widerstand gegen die Inquisition aus. Die Freiheit des Denkens ließ sich nicht mehr lange unterdrücken!

Gegenwärtig ist, laut zahlreichen repräsentativen Umfragen, mindestens jeder vierte sich zur christlichen Religion zählende Mensch in Europa und in den USA davon überzeugt, dass Reinkarnation und Karma eine einleuchtende und schlüssige Erklärung des Weltgeschehens liefern. Es darf den Gegnern dieser Lehre, vor allem den fundamentalistischen Vertretern der monotheistischen Religionen, gelegentlich vor Augen geführt werden, dass sie mit ihrer Position in der Minderheit sind. Weltweit gesehen, ist der größere Teil der Menschheit davon überzeugt, dass sich die Reifung des Menschen über viele Inkarnationen erstreckt.

19.
Heilung

„Die nicht ausgebildete Harmonie im Geist ist Ursache, dass nicht alle Menschen, deren Willens- und Liebeskraft hoch entwickelt sind, einen diesem Entwicklungsgrad entsprechenden Kraftstrom des Magnetismus haben. Die Mitarbeit des Leidenden, um sich eine möglichst große Aufnahmefähigkeit dieses Kraftstromes zu schaffen, besteht darin, dass er sein Leiden nicht für unheilbar hält, denn der Glaube ist ein gesetzlicher Leiter und Träger solcher Kraftströme. Wie oft weisen Christi Worte auf dieses Gesetz hin. Je reiner aber die Sphäre, in die sowohl der Geber als auch der Empfänger dieser Kraft sich zu erheben wissen, desto mächtiger kann auch diese reine Kraft zur Wirkung gelangen. Das Verbundensein in Christus, das Leben und Atmen im Geist Christi war es

doch, was den Aposteln sofortige Heilungen durch das Handauflegen möglich machte."

Viele Gedanken zum Thema Heilung, die vollständig mit den Darlegungen Emanuels übereinstimmen, finden sich in meinem Buch „Die Heilerin" und müssen hier nicht in großem Umfang wiederholt werden.

Emanuel spricht das vielleicht entscheidende Heilungsgesetz an: „Dein Glaube hat dich geheilt." Jesus von Nazareth hat vor 2000 Jahren nicht nur wunderbare Heilungen gewirkt, sondern auch die Gesetzmäßigkeiten des Heilens dargelegt, nach denen sie sich vollziehen. Sie gelten heute so wie damals. Es muss eher verwundern, dass die westliche Medizin erst in jüngster Zeit zu erkennen beginnt, wie entscheidend die geistige Einstellung eines Menschen für seine Heilung ist.

Ein Erdenmensch, der wieder im Einklang mit seinem göttlichen Seelenfunken lebt, wird nicht mehr erkranken. Es sei denn, er hat noch letzte karmische Belastungen abzutragen. Nur derjenige kann die Erde endgültig verlassen, der auf ihr nichts mehr auszugleichen hat.

„Leid leitet", auch Emanuel stimmt dieser uralten Einsicht zu. Dabei ist Leiden nie Selbstzweck, sondern es ist die Anwendung des universellen Liebesgesetzes, wonach der Mensch in Freiheit seine „Sünden" wiedergutmachen kann. Es darf hier vielleicht daran erinnert werden, dass das Wort *Sünde* von *absondern* kommt. Wer sich von Gott abwendet, sich von ihm absondert, der fällt in die Sünde, in die Sonderung, in die Gottferne. Nur das Leid vermittelt ihm die Botschaft: „Kehre um!" Es ist die einzige Möglichkeit, ihn zur Umkehr aufzurufen, ohne in seine ewigen Freiheitsrechte einzugreifen.

20.
Gedankenkraft

„Erkenntnis ist immer Errungenes, nie Gegebenes. Hat sich ein emporstrebender Geist in den Lichtkreis einer Erkenntnis geschwungen, so kann er selbst durch einen spontanen Gedanken, den er ins Menschenbewusstsein ausklingen lässt, Zeugnis ablegen von seiner Errungenschaft. Zieht nie zu enge Grenzen, sagt nie von Dingen, die sich eurem vollkommenen Ergründen verschließen: „Das eine schließt das andere aus." Ihr könnt das Ineinandergreifen der Gesetze Gottes nicht ermessen. Kommende Jahrhunderte werden sie der Menschheit immer klarer machen."

Wie schon im Kapitel „Geschenktes und Errungenes“ ausgeführt, legt Emanuel überzeugend dar, dass die Freiheit des Geistes ihn in die Lage versetzt, aus eigener Kraft zu erkennen und schöpferisch tätig zu sein. *Die Gedanken sind frei* – und sie sind, wenn sie zur Erkenntnisgewinnung eingesetzt werden, auch eine wahrhaft eigene Errungenschaft jeder Individualität. Es ist vielleicht das größte Mysterium der Schöpfung, dass die Geschöpfe – innerhalb des Seins Gottes – eigene geistige Schöpfungen hervorrufen können.

„Indem ein hoher Geist dir einen Gedanken eingibt, den du noch fassen und verstehen kannst und der dir durch dein Verständnis zur geistigen Nahrung wird, durch welche dein Geist an Kraft gewinnt, hat er seiner Aufgabe gemäß gehandelt, von seinem Licht weiterzugeben und dem ringenden Bruder zu helfen. Solche Geistesblitze durchzucken die ganze Menschheit. Je nach dem Boden, auf den sie fallen, zünden oder erlöschen sie.“

Auch die „Inspiration", die geistige Eingabe, wird, in dem Augenblick, da man sie selbst gedanklich verarbeitet, zu etwas Neuem, Eigenständigem. Alles ist mit allem verbunden. Jeder Gedanke, der ins Dasein gedacht wird, beeinflusst alles Leben. Schwache Gedanken kaum merklich; starke, ausgeprägte Gedanken dagegen nachhaltig. Dabei sollte der Einzelne das, was er als Inspiration empfängt, weitergeben zum Segen für viele.

„Der Höhere ist immer berufen, dem Niederen zu helfen. Erkennt ihr, dass ihr auf einer höheren Stufe steht als die Quelle eines in eurem Gehirn euch bewusst werdenden Gedankens, so weist diesen ab. Erhebt euren Geist zu Hohem und Reinem und sendet die bindende, in ihren Wirkungen von euch noch unergründete Kraft des starken Willens hinaus zu dem armen Bruder, der euch mit dem schmutzigen Wasser seiner Wesenheit bespülte. Versucht, ihn zu überschütten mit dem reinen, klaren Wasser eurer Nächstenliebe und eurer Erkenntnis des Gesetzes, nach welchem ihr alle berufen seid, einer dem anderen

zu helfen und zu dienen, im Menschenkleid wie im Geisterreich. Denn Sünde und Materie und alle durch die Unvollkommenheit entstandenen Grenzen trennen nicht so weit, wie die ewige, alles durchdringende, einmal von allen verstandene Liebe vereint.“

Die Gedanken sind der Schlüssel für alles, denn aus den Gedanken werden Taten – schädliche oder segensreiche. Nichts ist so stark wie ein Gedanke, dessen Zeit gekommen ist. Gedankenkräfte können die Welt zum Guten oder zum Schlechten wenden. Der große französische Hermetiker Frédéric Lionel hat einmal gesagt, wer durch Gedanken Angst verbreite, sei in Wahrheit ein Schwarzmagier. Diese Warnung sollte man sehr ernst nehmen.

Wer auf negative Gedankenkräfte stößt, sollte versuchen, sie zu transformieren – auf der äußeren *und* auf der inneren Ebene. Die Heilung (Verwandlung) der Gedanken heilt (verwandelt) die Welt.

21.
Negative Kräfte

„Ich denke, was ich gesagt habe, muss euch das Irrtümliche folgender Sätze zeigen: „Jeder hohe Geist bildet sich selbst zu der Beschaffenheit seiner Gedanken aus“ und „Es gibt keine Teufel außer den schlecht angewandten Geisteskräften; diese aber haben große Kraft zu bedrängen und zu peinigen.“

Tiefstehende Geister wenden ihre Kraft schlecht an; doch ist nicht die Geisteskraft der Teufel, sondern der Geist selbst kann zu so tiefer Stufe herabsinken, dass die Ausstrahlung seiner Wesenheit in Wille, Gedanke und Tat gegensätzlich und folglich schädlich ist. Doch auch der Gegensatz ist eingeschlossen in die allumfassenden Gesetze Gottes, und dem Feld seines schädlichen Wirkens sind enge Grenzen gezogen.

Wenn es heißt, der vorherrschende Geisteszustand oder der Charakter der Gedanken gestaltet den Körper, die Gesichtszüge und so weiter, so muss man vorausschicken: „Der Geist schafft sich seinen Zustand oder seine geistige Stufe, und seine Gedankenwelt ist nur ein Ergebnis seines wahren Seins.“ “

Diese Aussagen ergänzen jene des vorherigen Kapitels. Es dürfte vor allem wichtig sein, sich stets bewusst zu machen, dass den negativen Kräften „enge Grenzen gezogen“ sind. Die menschliche Freiheit findet dort ihre natürliche Grenze, wo sie die Freiheit anderer beeinträchtigen würde – außer die Beeinträchtigung ist aus karmischen Gründen zugelassen.

Auch hinsichtlich der Gedankenkräfte gilt natürlich das Gesetz: „Gleiches zieht Gleiches an.“ Niemand, der über eine reine Aura und ein gutes Herz verfügt, kann von negativen Kräften ernsthaft gefährdet werden. Dort, wo scheinbar doch negative Kräfte von außen zu Problemen geführt haben, sollen bestimmte Reifeprüfungen durchlebt werden. In diesem Fall wird das zusammengeführt, was einen zugelassenen Prozess auslösen kann.

Nichts geschieht ohne Grund; und hinter allen Geschehnissen walten Gottes weise Gesetze!

22.
Erkenntnisstufen

„Das Begriffsvermögen des Menschen schafft den Gott, den er anbetet. Versteht mich recht. Gott ist natürlich der ewig Gleiche, der von dem Verstand des Erdenmenschen absolut nicht ganz erfasst werden kann. Daher schafft der, welcher an Gott glaubt, sich die Gestalt dieses Glaubens. Er schmückt sie nicht bloß mit den Eigenschaften und Tugenden aus, die ihm die herrlichsten dünken, sondern rechnet ihr zuweilen auch Fehler wie Zorn, Rache, Willkür oder Kleinlichkeit zu. Jedem aber ist diese selbst geschaffene Gottheit heilig.

Je nachdem sich der Geist ändert, indem er den Berg der Erkenntnis emporklimmt und im Weiterklimmen immer mehr von der Bürde seiner Fehler und Irrtümer abwirft, je nach dieser Änderung oder Verwandlung des Geistes verwandelt sich auch der Gottesglaube und der sich um diesen bildende Hof – die Religion. Wie sich dieser Prozess im Einzelnen abspielt, so vollzieht er sich auch an den Völkern.“

Es geht hier um die alte Wahrheit: „Du gleichst dem Geist, den du begreifst.“ Würde diese Einsicht allgemeine Erkenntnis, entfielen die meisten Konflikte. Leider glaubt die ganz überwiegende Mehrheit der Menschen, ihr begrenztes Weltbild sei die WAHRHEIT. Und noch dazu die *alleinige* Wahrheit. Treffen dann zwei solche Personen aufeinander, kann es nur ein Ergebnis zeitigen – Streit und Auseinandersetzung. Nur die Anhänger der jeweiligen Konfessionen streiten sich, die Erwachten blicken über die Mauern der Engstirnigkeit hinweg und erkennen die Einheit allen Lebens. Die WAHRHEIT ist immer größer als das, was einzelne Vertreter von Kirchen, Parteien oder Ideologien verkünden. Viel größer!

Aus dem Wissen um dieses größere Ganze sprach Krishnamurti die Mahnung aus: „Wenn du beginnst, jemandem zu folgen, hörst du auf, der Wahrheit zu folgen." Niemand kann auf ausgetretenen, vorgegebenen Pfaden zur Wahrheit finden, denn diese ist ein „pfadloses Land".

Nur der Erwachte kann einen Erwachten erkennen; nur der Erleuchtete einen Erleuchteten. Das heißt, dass sich jeder, der einem spirituellen Lehrer zuhört, zuerst einmal fragen sollte, ob er sich selbst für erwacht hält. Verneint er (der Zuhörer) diese Frage, sollte er achtsam sein, die Worte des Lehrers leichtfertig zu verwerfen, nur weil sie ihm nicht einleuchten. In einigen Jahren mögen diese Worte einen anderen Klang haben. Hier ist natürlich die Rede von Lehrern, die wahrhaft ermächtigt sind, spirituelle Vorträge zu halten.

Und auf einen besonders unangenehmen Aspekt soll noch kurz hingewiesen werden. In fast jedem 'spirituellen' Zentrum kann man Jünger finden, die mit dem Brustton der Überzeugung verkünden: „Mein Lehrer/Meister ist der größte Seher/Erleuchtete/Erwachte seit Jahrtausenden." Mit

Aussagen dieser Art offenbaren sie, wes Geistes Kind sie sind, denn natürlich kann nur ein wirklich Erwachter oder echter Meister eine derartige Aussage treffen – was er aber sicher nicht tun würde!

Wer sein eigenes Erkenntnisvermögen einer Prüfung unterziehen möchte, der möge einem angesehenen Lehrer lauschen und sein Verstehen beobachten. Er wird feststellen, dass er „Zu Füßen des Meisters" vieles versteht – es aber leider im Alltag wieder vergisst. Das mentale Kraftfeld des Lehrers hob ihn für Augenblicke in eine Sphäre des Erkennens, die ihm nur in seiner Gegenwart zugänglich war, ansonsten aber noch nicht seinem gegenwärtigen Reifezustand entspricht. Diese Einsicht erschließt sich aber nur, wenn man sich selbst gegenüber bedingungslos ehrlich oder, wie es Herbert Fritsche einmal formulierte, „aufrichtig bis auf die Knochen" ist.

23.
Gott ist Liebe

„Christus brachte der Menschheit die höchste Offenbarung, die ihr gegeben werden konnte: Gott ist Liebe und die Liebe des Gesetzes ist ihre Erfüllung. Dies war eine Offenbarung, das heißt, eine Wahrheit, die der Mensch mit seiner Intelligenz nicht finden konnte – eine Wahrheit, die er anerkennen, erkennen und die er leben muss, bevor er ihre Wirkungen mit seinem geistigen Auge schauen kann. Dann reift aus dem Schauen der Glaube zur Erkenntnis.

Nur wenige Menschen erkannten dies als die Quintessenz seiner Lehre. Sie konnten ihren alten Glauben an einen Gott der Rache nicht plötzlich abstreifen und verbanden nun die alte und die neue Lehre, indem sie den rache-

dürstigen Gott versöhnt sein ließen durch das blutige Opfer seines Sohnes.

Eine Handlung der Liebe Christi erfassten sie und hielten sie fest, statt die Unermesslichkeit und Unerschöpflichkeit dieser Liebe zu erfassen und weiterzufolgern: „Wenn der Sohn also liebt, wie unendlich muss die Liebe des Vaters sein“, von dem der Sohn selbst sagt: „Mein Vater ist größer als ich.“

Dass die Evangelien erst lange nach Christi Tod aus den Überlieferungen niedergeschrieben wurden, sollte für euch eher eine Ursache des Trostes als der Trauer sein; denn so erklären sich die Widersprüche, die in ihnen enthalten sind. Wie herrlich und göttlich muss der Geist der Christus-Lehre sein, wenn er, trotzdem er nur halb verstanden, trotzdem er durch Überlieferung abgeschwächt wurde, jetzt noch als ein Licht, das eine Welt zu durchstrahlen vermag, aus den Evangelien hervorstrahlt.“

Letztlich verkündet Emanuel in diesen Worten die Essenz seiner Lehre, die auch die Essenz der Botschaft Christi ist: „Gott ist Liebe und die Liebes des Gesetzes ihre Erfüllung." Daher lehrte Christus auch, er wolle das Gesetz nicht aufheben, sondern erfüllen.

Die Liebe kann das Gesetz erst dann endgültig verwandeln, wenn es sich erfüllt hat. Wenn das Gefallene in die Liebe zurückgekehrt ist, besteht keine Notwendigkeit mehr für das Gesetz, weil die Liebe alles in allem ist.

Die Gesetze mussten das Gefallene in neue Entwicklungsbahnen führen, um in Freiheit den Weg zurück zu finden. Bedauerlicherweise hielten die Gesetzesanhänger die Gesetze für wichtiger als die Liebe. Doch der Sabbat ist für den Menschen gemacht – nicht umgekehrt.

Paulus mag mit vielen Fehlern und Schwächen behaftet gewesen sein, und vor allem seine Geringschätzung der Frauen war eine tragische Entstellung der Lehren seines großen Meisters. Doch in seinem Brief an die Korinther kam er der Wahrheit, wie sie Emanuel hier übermittelt, so nahe wie sonst nirgendwo in seinen Schriften.

Wenn ich die Sprachen der Menschen und Engel redete,
hätte aber die Liebe nicht,
wäre ich tönendes Erz oder eine lärmende Pauke.
Und wenn ich prophetisch reden könnte
und alle Geheimnisse wüsste
und alle Erkenntnis hätte;
wenn ich alle Glaubenskraft besäße
und Berge damit versetzen könnte,
hätte aber die Liebe nicht,
wäre ich nichts.
Und wenn ich meine ganze Habe verschenkte,
und wenn ich meinen Leibe dem Feuer übergäbe,
hätte aber die Liebe nicht,
nützte es mir nichts.
Die Liebe ist langmütig,
die Liebe ist gütig.
Sie ereifert sich nicht,

sie prahlt nicht,
sie bläht sich nicht auf.
Sie erträgt alles, glaubt alles,
hofft alles, hält allem stand.
Die Liebe hört niemals auf.
Jetzt bleiben Glaube, Hoffnung, Liebe, diese drei;
doch am größten unter ihnen ist die Liebe.

1. Korinther 13,1-3,7,8,13

24.
Nächstenliebe

„Ein Fehler ist es auch, wenn der Mensch glaubt, er tue recht, in strenger Abgeschiedenheit nur seiner Veredelung oder Vergeistigung zu leben. Jeder Mensch, wie auch jedes Geistwesen, ist das Glied einer Kette und hat die Verpflichtung, möglichst tatkräftig zu sein, um mit ganzer Kraft und ganzem Willen seinen Geschwistern zu helfen und zu dienen. Dies lehrte nicht nur, dies bewies Christus, indem er seine Lichtheimat verließ, die Qualen des Erdenlebens erduldete, nur um den Nächsten zu helfen.

So hat keiner, sei er nun Christ oder Buddhist, das Recht, in strenger Abgeschlossenheit nur an sich zu denken. Es ist dies auch ein Egoismus. Solange es Arbeit gibt, sind wir berufen, mit derselben Kraft, demselben Willen an unserer eigenen Veredelung wie an jener des Nächsten zu arbeiten. Ob wir dabei Fleisch oder Früchte essen, ist gleichgültig, wenn wir nur mäßig leben."

~

Meister Eckhart schreibt in einer seiner „Predigten", der Mensch müsse, selbst wenn er gerade die höchste Verzückung in der Versenkung erlebe, aufstehen und einem Bedürftigen ein „Brotsüppchen" kochen, wenn dieser ihn darum bäte. Damit will er offensichtlich eine Priorität zum Ausdruck bringen, keine Wertigkeit. Der Dienst am Nächsten steht nicht im Gegensatz zum Gebet oder zur Meditation – er hat nur die Priorität.

Stille und innere Einkehr sind, heute mehr denn je, unverzichtbare Bestandteile für ein erfülltes Leben. Doch sie sind kein Selbstzweck. Was im Gebet oder in der Meditation an Geistesgaben empfangen wird, ist nicht zur persönlichen Befriedigung gedacht, sondern um dem Nächsten besser dienen zu können. Es ist die *Goldene Kette des Lebens.* Die eine Hand empfängt, damit die andere weitergeben kann.

Wer eine längere Zeit in einem Ashram oder Kloster verbracht hat, der kann das seltsame Geschehen beobachten, dass gleichsam eine Art „Erleuchtungs-Wettstreit“ stattfindet. Da wird hinter vorgehaltener Hand geflüstert, jener habe schon diese und dieser jene „Erleuchtungsstufe“ erreicht. Das führt so weit, dass in bestimmten Traditionen des Ostens dem Schüler vom ‘Meister’ bestätigt werden muss, dass er die ‘Erleuchtung’ erfahren habe.

Wer jedoch wahrhaft in seinem Herzen von der allumfassenden und allesdurchdringenden Liebe berührt wurde, der benötigt keine Bestätigung dafür. Er wird aus der Meditation aufstehen, in die Welt gehen und das Geschenk der Liebe an jene weiterreichen, die seiner bedürfen.

25.
Weltreligion

„In den kommenden Zeiten, wenn viele solche Menschen auf eurer Erde wandeln, werden die starken Grenzmauern, die heute noch Religion von Religion, Wahrheitsanschauung von Wahrheitsanschauung trennen, von selbst, das heißt als Ergebnis eurer Entwicklung, fallen. Die Wahrheitsteile werden vereint und das sie als Ballast Umgebende sowie das Unwesentliche wird als solches erkannt werden. Heute noch denkt jeder an einer Konfession hängende Mensch, dass die ganze Menschheit einmal seine Konfession als die eine Wahrheit anerkennen werde. Nur wenige Menschen leben heute, welche die zukünftige geistige Entwicklung der Erdbewohner verstehen.

Der Buddhist und Theosoph, der Christ oder Geistchrist soll, wenn er die Wahrheit und mit ganzer Kraft seine

Veredelung anstrebt, keine Lehre, die der seinen entgegensteht, a priori verwerfen, sondern er soll lauschen, ob sein vorurteilsloses Ohr nicht die Wahrheitsanklänge anderer Lehren ebenso deutlich zu vernehmen vermag, wie die der ihm sympathischen Weltanschauung. Ein durchgeistigter Mensch soll sich immer bewusst sein, dass er der Teil eines Ganzen ist und daher dieses Ganze, so viel in seiner Kraft liegt, zu erheben und zu veredeln hat.“

Im Hinblick auf diese wünschenswerte Entwicklung, die Emanuel in seiner Botschaft aufzeigt, müssen wir leider feststellen, dass es erst wenige Anzeichen gibt, die auf die Verwirklichung einer „Weltreligion“ hindeuten. Zwar gibt es zahlreiche Publikationen, die einen Vergleich der großen Religionen durchführen, aber kaum eine, die explizit eine „Weltreligion“ beschreibt. Wobei diese zugegebenermaßen wohl nur eine „Religion des Herzens“ und nicht eine neue, wenngleich synthetisierte, „Religion“ sein kann.

Was es bereits gibt, ist eine rational gut begründete Bewegung, ein „Welt-Ethos“ ins Leben zu rufen. Das erscheint nicht so überaus schwierig, denn selbst sehr gegensätzliche religiöse Ausdrucksformen stimmen etwa dem Tötungsverbot oder den Geboten gegen Diebstahl zu. Bei den Regeln zur Eheschließung oder allgemein der Gleichbehandlung von Frauen wird es bereits deutlich problematischer.

Das Konzept einer „Weltreligion“ kann zu Beginn nur von den großen Mystikern ausgehen. Diejenigen, welche über die Zäune der Konfessionen schauen, können auf ihnen etwas Neues errichten.

Wenn man berücksichtigt, dass in den großen Mysterienschulen des Altertums im Grunde der Ansatz einer Synthese der spirituellen Überlieferungen der Welt schon zu einem erheblichen Teil vollzogen wurde, so stimmt der gegenwärtige Rückschritt doch skeptisch. Wie konnte diese einst so weite Perspektive wieder in konfessioneller Engstirnigkeit verschwinden?

In der Akademie des Pythagoras in Crotona und Metapont war nicht nur das Wissen der Welt versammelt, sondern auch die weibliche Weisheit voll integriert. Auch Ägypten war diesbezüglich fortgeschritten; man suchte geradezu danach, die Weisheit anderer Überlieferungen zu prüfen und gegebenenfalls zu assimilieren. Jede religiöse Erfahrung, sofern sie wahrhaftig ist, kann nur eine Bereicherung sein. Sie ergänzt das eigene Weltbild, das naturgemäß begrenzt sein muss. Alles Fremde bereichert, weil es das Vertraute ergänzt und erweitert.

Eine Weltreligion ist der wesensgemäße Zustand erwachten menschlichen Daseins auf diesem Planeten!

26.
Okkulte Kräfte

„Lasst euch nicht irre machen in eurem Urteil durch die glänzenden Feuerwerke magischer Kräfte, die sich der Mensch auf verschiedenen Wegen erringen kann und sich tatsächlich durch buddhistische Übungen erringt. Ihr sagt: Wenn die Herrschaft über gewisse Naturgesetze die Folge einer erreichten Entwicklungsstufe ist, so müsste der beste, durchgeistigtste Mensch auch die größte Macht besitzen. Tatsächlich aber ist ihm der Fakir, der auf niederer geistiger Entwicklungsstufe steht, in der Ausübung solcher Kräfte überlegen.“

Wenn Emanuel hier durch sein Medium das Wort „buddhistisch“ verwendet, sollte man dieses im 21. Jahrhundert wohl besser durch „okkult“ ersetzen. Zumal er selber im Fortgang von „Fakir“ spricht, was eher eine hinduistische Verbindung andeuten würde.

Es geht hier wohl vorrangig eher um die Unterscheidung des „magischen Weges“ (Ich will) und des „mystischen Pfades“ (Dein Wille geschehe). Jeder, der okkulte Kräfte gezielt anstrebt, wird sie in der Regel nach seinem Gutdünken anwenden. Er greift aktiv ein und versucht, das persönliche Dasein oder das Weltgeschehen (soweit zugelassen) nach seinen Vorstellungen zu manipulieren. Die Faszination für diese magische Vorgehensweise könnte ein letzter Überrest des einstigen kosmischen Falls der Geistwesen sein. Es war und bleibt der Versuch, den eigenen Willen als höchstes Gesetz zu postulieren. „Ich will“ oder „Tue, was du willst“ lautet die Devise.

Die Erlangung und anschließende Zurschaustellung okkulter Kräfte (*Siddhis*) sollen das Individuum aus der anonymen Masse herausheben und – weitaus problematischer – dem Gegenüber Angst einflößen. Es geht um die Macht über andere. Der magische Mensch will nicht dienen, sondern herrschen. Die Ausbildung okkulter Kräfte stellt daher die explizite Gegenposition für eine reine, liebevolle, spirituelle Verhaltensweise dar.

Es kann kein Zufall sein, dass in einer Zeit, in welcher der Egoismus in den Gesellschaften scheinbar unaufhaltsam auf dem Vormarsch ist, das Interesse an Magie und okkulten Kräften sprunghaft ansteigt. Es gibt weltweit Verlage, die sich ausschließlich der Magie und ihrer praktischen Ausübung widmen.

Es kann kaum ein Zweifel daran bestehen, dass der magische Weg in die Getrenntheit führt. Die Idee der Einheit des Seins widerspricht dem magischen „Ich will“ diametral. Es ist bemerkenswert, dass gerade in der Yoga-Philosophie, die in den „Yoga-Sutras“ des Patanjali die detailliertesten Schilderungen okkulter Kräfte besitzt, immer wieder die Warnung auftaucht, diese okkulten Kräfte nicht gezielt anzustreben.

Weise Yogis erkannten in allen Jahrhunderten, dass die Ausübung magischer Kräfte ihre Jünger allmählich auf den „linken Pfad“ führt. Der Eigenwille ist ein direkter Pfad ins Reich der Gottferne. Die Kräfte des Lichtes werden eigenwilligen Praktiken irgendwann Einhalt gebieten, nämlich dann, wenn sie manipulativ in das Leben Dritter einwirken. Es dürfte dann viele Leben in Anspruch nehmen, um das Angerichtete wieder ins Gleichgewicht zu schwingen.

Stellen sich außergewöhnliche Gaben auf natürliche Weise ein, wie Hellsichtigkeit oder die Gabe zu Heilen, so dürfen sie angenommen und zum Segen des Ganzen genutzt werden.

25.
Weltgeist und Geistfunken

„Der Mensch, in seiner Verbindung von Geist, Seele und Körper, ist eine Folgeerscheinung. Die Schöpfung Gottes ist der Geist – gottähnlich, weil aus dem Willen Gottes hervorgegangen, und folglich eine Wesenheit, in welcher Gotteseigenschaften zur Entwicklung gelangen konnten. Aber er ist nicht Gott gleich, da das Erreichen der Vollkommenheit das in weiter Ferne liegende Ziel für ihn war, Gott aber ewige Vollkommenheit ist.

Wir können daher nicht mit vollem Recht von unserer absoluten Ewigkeit sprechen, denn unser Geistleben hat einen Anfang, als Gott durch seinen Willen Individualitäten schuf, deren freier Wille sie auf direktem Weg ihrer

Vollendung zuführen konnte, aber auch das zeitweilige Verlassen dieses Weges ermöglichte.“

Emanuel spricht in seinen Botschaften vielfach über die klare Differenz zwischen dem ewigen, unerschaffenen, absoluten GEIST und dem relativen, geschaffenen Geist. Diese Hervorhebung von Individualität und Un-Gleichheit mit der Quelle des Lebens war auch den Fragen geschuldet, die ihm vor über hundert Jahren gestellt wurden. Damals kam es zu einer ersten Woge der Auseinandersetzung zwischen der östlichen (indischen) und der westlichen spirituellen Tradition. Dabei waren die Begriffe längst nicht so klar umrissen wie in der Gegenwart. Ausdrücke wie *Nirvana* oder *Samadhi* verstand man im Westen nahezu ausschließlich als Aufgabe der Individualität und Auflösung des Einzelnen in einem unpersönlich gedachten Absoluten. Dieser Vorstellung wollte Emanuel nachhaltig entgegenwirken und sie als unzutreffend herausarbeiten.

Im 20. Jahrhundert hat ein intensiver Austausch zwischen Ost und West stattgefunden – und längst nicht alle Repräsentanten des Ostens lehnen die Vorstellung einer unsterblichen, individuellen, geistigen Entität ab. So spricht der XIV. Dalai Lama von den jeweils *individuellen* früheren Buddhas, also von einer klaren, bleibenden Unterschiedenheit des Buddha Gautama von seinen Vorgängern. In dieser Frage vertritt etwa der Tibetische Buddhismus (Mahayana) eine signifikant andere Überzeugung als die südlichen Schulen (Hinayana). Auch im Yoga bezogen viele bedeutende Vertreter (Yogananda, Aurobindo) eine klar individualistische Position und lehnten die Vorstellung eines Aufgehens in einer Art „kosmischer Ursuppe" dezidiert ab. Der Tropfen geht nicht im Ozean auf, sondern man könnte eher von einer Erweiterung des „Tropfen-Bewusstseins" zu einem „ozeanischen Bewusstsein" sprechen.

Emanuel hält den Anhängern einer Auflösungs-Lehre immer wieder die Stellung der Erde im Universum vor Augen. Die auf dieser Ebene inkarnierten Wesen sind tief gefallen und müssen über die „Schulungsstätte Erde“ erst einmal den Weg zurück in die Feinstofflichkeit finden. Ihr innerer göttlicher Funke allein ist die Gewähr, nicht völlig in materieller Dunkelheit zu versinken. Wer in der Meditation oder Kontemplation wieder das Licht dieses „Seelenfünkleins“ erblickt, mag davon völlig überwältigt sein, doch sollte er nicht unberücksichtigt lassen, dass er nur wieder in Verbindung mit seinem *Innengeist* getreten ist. Von der Majestät göttlicher Herrlichkeit ist er noch unendlich weit entfernt.

Natürlich ist das Argument zutreffend, der Geist Gottes sei doch überall präsent, also auch im Innersten des Menschen. Das ist korrekt; aber er ist dort eben auch nur auf *potenziell unendliche Weise* gegenwärtig.

Gott darf nicht im pantheistischen Sinne räumlich gedacht werden. Die Verwirklichung von „Gottes-Bewusstsein“ auf Erden ist ‘nur’ eine Erfahrung des ABSOLUTEN in der für einen inkarnierten, auf der materiellen Ebene lebenden Menschen allein möglichen Art und Weise. Das ist ohne jeden Zweifel eine beglückende und zutiefst bewegende Erfahrung; jedoch darf sie nicht überinterpretiert werden.

Der Mystiker, der nach dem Erwachen zu seinem Innengeist ausruft: „Ich bin Gott!“ – ist verwirrt durch ein ihn überwältigendes Erleben. Er müsste eigentlich innehalten, erkennen und dann bekennen: „Ich bin ein göttliches Geschöpf, das wieder mit dem Lichtglanz seines Schöpfers vereint ist.“ Das wäre die Wahrheit.

Individuelle Vollkommenheit und absolute Vollkommenheit sind nicht dasselbe. Erstere erreicht erneut die Vollkommenheit, die sie einst besaß am Anbeginn der Schöpfung. Von dort aus sollten die Geistwesen in vollkommener Harmonie mit Gott ihre nie endende Reise durch die Grenzenlosigkeit der Schöpfung beginnen.

28.
Der Dienst am Ganzen

„Wahres Christentum ist Selbstlosigkeit. ...

Was aber verlangt wahre Selbstlosigkeit von euch?

Vor allem die Erkenntnis, dass ihr Teil eines Ganzen seid und eure Individualität dadurch zu ihrer Vollkommenheit ausbildet, dass ihr euch mit reinem Sehnen und starkem Willen in den Dienst dieses Ganzen stellt. Haltet die Augen offen, damit euch keine Gelegenheit entgehe, dem Bruder zu dienen und zu helfen, so wie Gott es von der werdenden Vollkommenheit verlangt, dass sie in der Kraft der Selbstlosigkeit der noch unentwickelteren Vollkommenheit helfe, wo sie vermag."

„Wahres Christentum ist Selbstlosigkeit." Für Emanuel stellt die Entwicklung dieser Eigenschaft die größte Herausforderung für jene Menschen dar, die sich in der Nachfolge Christi befinden.

Wenn man nicht wüsste, wie viele Jahre diese Worte zurückliegen, könnte man sie als die mahnende Erinnerung für die modernen Gesellschaften verstehen. In einer Zeit, wo Freunde nur noch virtuell existieren und zahllose Menschen in einer digitalen Blase leben, erhält die freundliche Ermahnung, es gehe im Leben darum, seinem Bruder und seiner Schwester zu dienen, geradezu höchste Aktualität.

Das Gegenteil zur wahrer Selbstlosigkeit ist ausgeprägter Egoismus – und genau dies charakterisiert treffend die Moderne. Heute würde Emanuel vielleicht andere Worte verwenden und sagen: „Jede Stunde, die du vor dem Bildschirm verbringst und die nicht für deine Arbeit erforderlich ist, ist eine Stunde ohne zwischenmenschliche Beziehung." Die um sich greifende Digitalisierung führt zu einer wachsenden Entmenschlichung. Der größte Teil der Dienstleistungen, die früher von Mensch zu Mensch erfolgte, läuft heute über den Computer. Das stellt nicht nur ein Problem für zukünftige Arbeitslosigkeit dar, sondern es führt vor allem zu einer menschlichen Verarmung – und zu Einsamkeit. Die Zahl der Erkrankungen, die mittelbar oder unmittelbar auf die Digitalisierung zurückgeht, ist nicht mehr zu bemessen.

Wenn in Zukunft Algorithmen über menschliche Schicksale entscheiden werden, vom Arzt über den Kreditbearbeiter bis hin zur Steuerberaterin, dann bestimmen Maschinen über unser aller Leben. Die allerdings verstehen Selbstlosigkeit nicht mehr, da sie ohne ein Selbst sind! Und von Liebe dürfen wir dann gar nicht mehr sprechen.

29.
Lebensfreude

„Versucht nicht, christlicher zu sein als Christus. Er aß und trank. Er wohnte Festlichkeiten einer Hochzeit bei; denn solche Äußerlichkeiten haben gar keinen Einfluss auf die Entwicklung, auf den Fortschritt des Geistes. Nur müsst ihr sie als reine Äußerlichkeiten erkennen und auch empfinden, und niemals dem, was eine nichtige Nebensache ist, irgendeine Macht über euch gewähren."

In einer Welt, die von Künstlicher Intelligenz (KI) und programmierten Maschinen dominiert wird, kommt der echten zwischenmenschlichen Begegnung eine entscheidende, geradezu überlebensnotwendige Bedeutung zu.

Sollte es den Regulierern, Verbietern und Programmierern tatsächlich gelingen, in ihrem Machbarkeitswahn auch noch die spontane Lebensfreude zu ersticken, dann wird es auf der Erde sehr dunkel. Die weltlichen (äußerlichen) Kräfte dürfen nie die Oberhand gewinnen.

Das zweite, heute höchst aktuelle Thema betrifft die Ernährung. Was vor 2000 galt, ist auch heute noch wahr: „Nicht das, was in euren Mund hineingeht, verunreinigt, sondern das, was aus ihm herauskommt." Der Fanatismus, der in weiten Kreisen bei Fragen über Ernährung und Lebensführung Einkehr gehalten hat, ist ein schlimmeres Übel als die meisten anderen. Wer achtsam lebt und das Wohlergehen unserer jüngeren Tiergeschwister im Auge behält, der wird im Einklang mit der Schöpfung leben. Er ist damit Vorbild genug und sollte nicht auch noch eine Verbotstafel vor seine Tür stellen, um seinen Nächsten moralisch zu zwingen, so zu leben, wie er es für richtig hält. Jeder Mensch sollte bei jedem Thema im Hinterkopf behalten: „Möglicherweise irre ich mich!"

Es ist eines der verblüffendsten Phänomene unserer Tage: Die Menschen wenden ein Vielfaches an Zeit und Bemühungen auf, um sich mit neuen Diäten oder Ernährungsratgebern zu befassen – als mit ihrem Innenleben. Sämtliche Illustrierten, Magazine und Zeitungen in deutscher Sprache – und in anderen westlichen Ländern dürfte es ähnlich sein – publizieren unzählige Artikel über Ernährungsthemen; aber kaum einen über Wege in die Stille. Alles, was die offizielle Meinung beschäftigt, spielt sich im Äußeren ab. Nur an bestimmten Feiertagen dürfen religiöse Themen auf Titelblättern erscheinen, wobei noch über die Hälfte von archäologischen Themen bestimmt wird: „Jerusalem zur Zeit Jesu" oder „Buddha und die Seidenstraße" – und dergleichen mehr.

Die Gewichte haben sich verschoben. In der Antike, im Mittelalter oder zur Zeit der Renaissance wussten die Menschen noch, welche Werte im Leben wirklich bedeutsam sind. Heute erleben wir einen Verlust der Werte und zugleich einen Verlust an Lebensfreude.

Eine Gesellschaft, in der aber die Lebensfreude abstirbt, wird erkranken. Wenn weit über die Hälfte aller Berufstätigen angibt, an ihrem Arbeitsplatz unglücklich oder unzufrieden zu sein, darf sich niemand über Burnout wundern.

Wer kaum noch mitmenschliche Zuwendung erfährt, wird allmählich depressiv; und wer aggressive Computerspiele spielt, neigt bald selbst zu Gewalttätigkeit.

Die modernen Gesellschaften müssen wieder zur Mitmenschlichkeit zurückfinden. Es darf nicht alles am Gewinn ausgerichtet werden. Manchmal sollten die politisch Verantwortlichen und die einflussreichen Wirtschaftsführer daran erinnert werden: „Du kannst nicht Gott und Mammon dienen!"

30.
Die Stellung der Erde im Kosmos

„Die Erde ist ein Staubkorn mit Geistleben, von verhältnismäßig geringem Wert, wie es unzählige Millionen solcher Weltkörper im Weltall gibt, und konnte als solche unmöglich erkoren werden, der Träger des ewig unteilbaren Gottes zu sein. So wie gewordene Vollkommenheit sich niemals mit ewiger Vollkommenheit vermischen kann, so wenig, das heißt nach demselben ewigen Gesetz, kann Gott sich auf einer grobmateriellen Welt inkarnieren. Es ist dies eine gesetzliche Unmöglichkeit. Der Urgeist kann sich nicht in Materie kleiden; eher lassen sich Feuerflammen in Strohgewänder kleiden. Die Gesetze, durch welche Stroh von Feuer verzehrt und aufgelöst wird, sind nur endliche Gesetze und können daher von höheren Kräften aufgehoben werden; doch das Gesetz der unteilbaren

Einheit Gottes ist ein ewiges. Es gibt daher keine Welterlösung durch die göttliche Inkarnation nach dem Begriff der heutigen christlichen Kirche. Christus selbst lehrte dies nie, und die Bewegung der Arianer in der Kindheit des Christentums war eine von reinen Geistern hervorgerufene, die das Christentum im Geist Christi ausbauen wollten."

Vor 500 Jahren war eine solche Weltanschauung noch der sichere Weg auf den Scheiterhaufen. Die Erde war der Mittelpunkt der Welt, von solch immenser Bedeutung, dass Gott seinen „Eingeborenen Sohn" sandte, um die Menschheit zu erretten.

Man muss der Astronomie dankbar sein, vor allem ihren mutigen Pionieren Kopernikus, Galilei und Kepler, dass sie die Erde in die richtige kosmische Ordnung eingefügt haben – ein Staubkorn im Universum. Die Erde ist so unbedeutend, dass allein diese Tatsache schon ausreichen würde, um die Unhaltbarkeit einer „göttlichen Inkarnation“ zu belegen, wie sie von den christlichen Kirchen verkündet wird.

Doch nicht nur im Christentum findet sich diese unglaubliche Überbewertung des kleinen blauen Planeten Erde, auch in den anderen Weltreligionen – mit Ausnahme des Judentums – gibt es Gottesboten oder „Inkarnationen“ (Avatare). Es könnte noch eine letzte Auswirkung einstiger Hybris sein, die den Menschen zu solcher Selbstüberschätzung führt. Hochmut kommt ja immer vor dem „Fall“.

Emanuel macht in seinen Botschaften immer wieder deutlich, wie tief gesunken die materiellen Sphären und ihre Bewohner sind. Ihre geistigen Augen sind so verschlossen, dass sie nicht einmal die nächste feinstoffliche Ebene zu erschauen vermögen; und statt denen dankbar zu sein, die dazu in der Lage sind, werden diese von atheistischen Unwissenden verspottet und verlacht. Glücklicherweise ist die Gegenwart insofern etwas fortgeschrittener, als die Wissenden und Eingeweihten nicht mehr befürchten müssen, von der unwissenden Masse gekreuzigt, verbrannt oder gevierteilt zu werden.

Allein das vergangene Jahrhundert hat einen erfreulichen Zuwachs an geistiger Freiheit hervorgebracht – und möglicherweise werden es gerade die Physiker sein, die beweisen, dass nicht Materie, sondern GEIST der Urstoff des Lebens ist.

31.
Christus

„Christus war ein rein gebliebener Erstlingsgeist, deren es eine Heerschar gibt, welcher die Leitung und Heimführung gefallener Brüder und Schwestern übertragen ist. Gottes Gesetze enthalten die Erlösung, und eines dieser Gesetze ist die Solidarität der Geister. Im Guten liegt erlösende Kraft, im Vollkommenen die Vollkommenheit der Kraft. In diesem ewigen Gesetz liegt die Bürgschaft, dass die ganze Schöpfung ihr Ziel erreicht, welches die Verbindung gewordener Vollkommenheit mit absoluter Vollkommenheit ist."

Emanuel machte bereits in seinen Ausführungen zur Stellung der Erde im Kosmos deutlich, dass theologische Inkarnationsvorstellungen oder gar ein „Trinitätsdogma"

jeglicher geistiger Wahrheit entbehren. Gleiches gilt natürlich für sämtliche ähnlich konstruierte Vorstellungen in anderen Religionen.

Gottes Plan für die gefallene Schöpfung sieht eine Rückkehr aus freier Einsicht und eigenem Bemühen vor. Alle Lichtboten, die gemäß des Gesetzes der „Solidarität der Geister“ auf die Erde kommen, bringen die Botschaft der Liebe und des Verzeihens, die von ihren Erdengeschwistern angenommen und umgesetzt werden muss. Sie kommen nicht, um sie, im herkömmlichen Sinne, zu *erlösen*.

Es gibt zahllose Berichte über Neuankömmlinge in der Geistigen Welt, die zutiefst entsetzt sind angesichts des Umstandes, dass sie keinesfalls „erlöst“ in ihrem begrenzten Verständnis sind, sondern erkennen müssen, welcher lange Weg noch vor ihnen liegt, um ihre innere Lieblosigkeit zu überwinden.

Christus ist ein „Licht für die Welt“. Wer seine Botschaft der Liebe aufnimmt und sich bemüht, sie in seinem Leben umzusetzen, wird nicht fehlgehen. Zu glauben, nur auf dem Pfad der Christen könne der Weg zurück ins Licht gefunden werden, ist allerdings wieder ein Akt der Arroganz und des Egoismus.

Jeder, der sich reinen Herzens zurück an die Göttliche Gegenwart wendet, wird von dort Antwort, Hilfe und Inspiration erfahren. Welchen individuellen Weg der Einzelne dafür wählt, ist unbedeutend. Und gar zu glauben, es gäbe „im Himmel" eine Rivalität der großen Botschafter um die zu rettenden Seelen auf Erden, bringt doch ein sehr kindliches Bewusstsein zum Ausdruck.

Alle Lichtboten sind *eins* in einer höheren Wirklichkeit.

32.
Dualseelen

„Durch nicht mehr einheitliches Streben entstand eine elementare Veränderung in der Wesenheit, in dem Stofflichen der Dualgeister, was deren Trennung zur Folge haben musste."

Mit dem Thema „Dualseelen" kommt Emanuel auf das vielleicht einzige Thema zu sprechen, das in vielen spirituellen Gruppierungen durchaus heftig umstritten ist. Grund dafür dürfte vor allem eine Fülle an „Dualseelen-" oder „Seelenpartner-Literatur" sein, die nahe am Kitsch angesiedelt ist. Zudem muss das Argument einer Dualseele immer wieder herhalten, um Scheidungen, Trennungen oder Affären mit einem pseudo-esoterischen Mäntelchen zu legitimieren.

Doch auch in der ernsthaften spirituellen Literatur ist diese Vorstellung umstritten. Gegner lehnen sie mit dem Hinweis ab, eine Seele, welche Vollkommenheit – was immer das in letzter Konsequenz meint – erlangt habe, benötige zu ihrer *vollkommen Vollkommenheit* nicht auch noch die Ergänzung durch eine Dualseele.

Emanuel hat einen kosmischen Ausgangspunkt im Blick. Er denkt den Gedanken von einem geistigen Ursprung her. Für ihn drückt die Erschaffung von Dualseelen im Ur-Anfang eine Widerspiegelung der innergöttlichen Polarität aus. Das „Männlich-Weibliche", das in Gott in vollkommener Einheit vorhanden ist, drückte sich im schöpferischen Ur-Akt durch das Ins-Leben-Rufen von „Dualgeistern" aus. Auch wenn dies natürlich höchst spekulative menschliche Gedanken sind, leuchtet zumindest das Prinzip als solches durchaus ein.

Im Verlauf des Absinkens einiger Dualgeister in dichtere Sphären kam es dann zu einer Trennung der ursprünglichen Duale in einen männlichen und einen weiblichen Pol. Diese Aufspaltung setzte sich fort und spielt heute auch auf der Erde eine Rolle. Der Gedanke liegt nahe, dass es sich beim Spiel der Geschlechter letztlich um eine Erinnerung an den einstigen Urzustand handelt, den man durch eine Verbindung mit einem geliebten Du wenigstens ansatzweise wiederherzustellen sucht.

„Wenn männlicher und weiblicher Geist ihre Vollkommenheit erreicht haben, können sich die Duale vereinigen, um sich nie wieder zu trennen. Durch diese Vereinigung wird die schöpferische Kraft der vollkommenen Persönlichkeit ausgelöst; ihr seid aber noch nicht fähig, diesen Zustand und seine Wirkungen zu verstehen. Wenn der Geist eine gewisse Stufe der Entwicklung und der Erkenntnis erreicht hat, wird er angesichts seines Dual-Gefährten von Liebe erfüllt. Trotzdem müssen sie noch zahllose Aufgaben getrennt bewältigen, solange sie die volle Reife noch nicht erreicht haben. Auch ich

arbeite jetzt an einer solchen Aufgabe; ich sehe meine Dual-Gefährtin, doch kann ich mich mit ihr noch nicht vereinigen, weil für uns diese Reifezeit noch nicht gekommen ist.

Auf Erden können eheliche Verhältnisse nur durch Erkenntnis geklärt werden; das bildet die Mission des Mannes und der Frau. Sind sie zur Einsicht gelangt; dass sie gleichrangig sind, werden sie keine Versuche unternehmen, dies mit ihrem Verstand zu beweisen, sondern sie werden ihren gleichen Wert auf jeder geistigen Ebene als Tatsache hinnehmen, und jeder wird sich bemühen, sein geistiges Betätigungsfeld gut zu bearbeiten, dem anderen zu helfen oder ihn zu ergänzen; ihn nicht zu belasten oder an seiner Entwicklung zu hindern.

Je besser man sein wahres Wesen erkennt und dementsprechend zu leben versucht, umso mehr entwickelt sich sexuelle Sinnlichkeit zurück und umso leichter wird zwischen beiden Geschlechtern wahre Liebe entstehen können.“*

---

* Dieses Zitat sowie jenes in Kap. 33 sind dem Buch „Die Kundge-

In der Literatur aller Völker und Länder finden sich unzählige Anklänge an die Dualseelen-Vorstellung. Die bekannteste ist sicher Platons Mythos vom „Kugelmenschen“, der sich in zwei Hälften teilt, überliefert in seinem Dialog „Symposion“. Von ihm in die Welt gedacht, erlebte diese *Idee* einen einzigartigen Siegeszug.

Sowohl in Romanen, als auch in Sachbüchern gibt es eine Fülle an Beispielen, die eine außergewöhnliche liebende Übereinstimmung zum Ausdruck bringen, welche sich die beiden Beteiligten nur durch den Dualseelen-Gedanken zu erklären vermögen. Sie ließe sich allerdings auch, ausgehend von der Reinkarnationsidee, durch eine häufige Verbindung in früheren Inkarnationen erklären.

Wenn Emanuel selbst bekennt, er sei, auch in seiner feinstofflichen Welt, noch nicht mit seiner Dualseele wiedervereint, kann der Erdenmensch diese Frage vielleicht offenlassen und der zukünftigen Entwicklung anvertrauen.

---

bungen des Geistes Emanuel“ Bd. II entnommen. Schutterwald 1997, S.51 und 92.

33.
Schutzengel

„Ihr könnt euch von der Einzelführung jedes Lebewesens keine Vorstellung machen; könntet ihr es, so würde euer Gottvertrauen zu einem solchen Licht aufflammen, dass alle Schattengedanken des Zweifels für immer aus eurem Leben verschwinden würden.“

Diese wunderbar tröstliche und ermutigende Aussage Emanuels mag dieses Buch beschließen. In den letzten hundert Jahren ist sie durch eine Fülle an Literatur über die Engelwelten und über jenseitige Helfer im Allgemeinen auf vielfältigste Weise bestätigt worden.

Noch vor weniger als einem halben Jahrhundert wurden Menschen, die bestätigten, an die Existenz von Engeln zu glauben, mitleidig belächelt. Das hat sich heute nahezu ins Gegenteil verkehrt. So erinnerte sich die Katholische Kirche, dass es in ihrem Fundus ein „Gebet an den Schutzengel" gab. Allmählich fanden die Engel auf unterschiedlichsten Pfaden wieder in die Mitte der Gesellschaft. Heute muss man bereits feststellen, dass es keinen unersetzlichen Verlust darstellte, wenn eine ganze Reihe sogenannter „Engel-Bücher" gar nicht erst das Leben zahlreicher Bäume gefordert hätte. Manches in dieser Art der Literatur ist einfach zu kindlich.

Wenn man die Bücher von Flower A. Newhouse, Geoffrey Hodson, Charles W. Leadbeater, Dora Kunz, Dorothy Maclean oder R. Ogilvie Crombie gelesen hat, dann erhält man eine Ahnung von der Majestät und Machtfülle dieser Wesen, welche auf einer anderen Entwicklungswoge voranschreiten.

Viele Geschöpfe der Engel-Hierarchien arbeiten auf kosmischen Ebenen und kommen gar nicht in Kontakt mit der menschlichen Welt. Nur jene Engelwesen, die als *Schutzengel* bekannt wurden, sind auf dem materiellen Plan aktiv. Sie kümmern sich weitgehend um den geistigen Fortschritt ihrer Schützlinge. Wenn dagegen ein sanftes Ziehen das Kind daran hindert, bei Rot über die Straße und vor den Bus zu laufen, dann sind dies eher die vielen sogenannten *lichten Helfer,* die hier einwirken, zumeist verstorbene Verwandte oder einstige enge Freunde.

Wie auch immer die Hilfe aus einer höheren Ebene erfolgen mag, sie ist immer da, in jedem Moment des Lebens. Doch auch sie erfolgt stets im Rahmen der göttlichen Gerechtigkeit. Von daher ist die immer wieder gestellte Frage, wo denn der Schutzengel gewesen sei, als das Kind überfahren wurde, aus einer sehr menschlichen – wenngleich verständlichen – Perspektive gestellt.

Die physische Form ist nachrangig, die geistige Entwicklung steht im Vordergrund. Wenn jemand unerwartet aus der Inkarnation gerissen wird, dann liegt ein tiefer Sinn dahinter. Wenn Emanuel von der „Einzelführung" spricht, dann will er damit zum Ausdruck bringen, dass allein der individuelle Reife- und Wachstumsprozess im Vordergrund steht. Menschliche Wünsche spielen in diesem großen Lebensplan keine entscheidende Rolle.

So werden die Engel immer an unserer Seite stehen – in dieser oder in einer anderen Welt.

Wie es endete

Emanuel hat, wie er uns selbst übermittelte, jene Sphären verlassen, von denen aus es ihm möglich war, mit seinen Erdengeschwistern zu kommunizieren. Seine Inspiration ist uns jedoch geblieben.

Die „Kapelle des Buches“ ist ein geschützter Raum in der Innenwelt, der jedem zugänglich ist, der von Emanuels Grundschwingung angezogen wird. Seine Botschaft ist zeitlos und noch immer lebendig.

Ich hatte und habe den Eindruck, dass es bestimmte „Engel der Inspiration“ gibt, welche die Kapelle als eine Art inneren Kraftplatz oder Transformationspunkt mit Energie aufladen, um bestimmte Gedankenformen in unterschiedlichste Welten zu senden. Die Erde ist nur eine von ihnen.

Zudem bleibt das Band der Liebe zwischen Emanuel und den Menschen unzerstörbar. Reine Lichtwesen senden aus ihren Reichen unermüdlich inspirierende Strahlen aus. Diese erreichen auch die Erde. Es sind Wesen, die nicht mehr auf der persönlichen Ebene arbeiten, sondern es sind universelle Botschafter des Lichtes. Ihr Segen ist immer mit uns – und die Botschaften von Emanuel sind ein Türöffner in den Lichtglanz ihrer Reiche.

Bernhard Forsboom
Emanuel
Botschaften aus dem Urlicht

Das „Buch Emanuel“ ist eines der ältesten Werke mit „Botschaften“, die von einer jenseitigen Wesenheit übermittelt wurden. Und es ist vielleicht noch immer das Beste!
Dieses Buch erklärt mit bestechender Klarheit, ohne große Ausschmükkungen und mit beeindruckender geistiger Autorität die großen Weltgesetze. Niemals sind die Texte von einer kitschigen Frömmigkeit oder einer belehrenden Besserwisserei geprägt, sondern sie zeichnen sich durch schlichte Schönheit und überzeugende Sachlichkeit aus.
Ein „Geschenk aus dem Himmel“, das nicht nur die Schöpfung erhellt, sondern ein Weltbild vermittelt, das Sinn schenkt und die großen Weltenrätsel entschlüsselt.
Eine „Botschaft aus dem Urlicht“, die zum Wertvollsten gehört, was die moderne spirituelle Bewegung hervorgebracht hat!
ISBN: 978-3-89427-531-0

Peter Allmend kehrt nach vielen Jahren zurück in die alte Kaiserstadt an der Moldau, in der er einst beruflich tätig war. In der sagenumwobenen Altneu-Synagoge spricht ihn ein Mann an, den er im ersten Moment für einen Fremdenführer hält. Doch schon sehr bald wird ihm klar, dass er es mit einem ganz außergewöhnlichen Menschen zu tun hat.
In seiner Begleitung wandert er durch die Gassen der Altstadt, besucht Kraftplätze und erhält Einsichten in die großen Zusammenhänge der menschlichen Entwicklung. Prag scheint gleichsam ein Spiegel zu sein, um die spirituellen Zusammenhänge der Gegenwart in ihrer Tiefe zu verstehen.
Mit jedem Tag an der Seite dieser geheimnisvollen Person wachsen seine Ehrfurcht und sein Erstaunen über diesen scheinbar so einfachen Mann, der offensichtlich ein Bürger zweier Welten ist und über schier unbegreifliche Fähigkeiten verfügt. Erst am letzten Tag seines Aufenthaltes erfährt er, wem er in Wahrheit begegnet ist.
Eine Entschlüsselung der verborgenen Lebensgesetze und ein Einblick in das Wirken jener großen Wissenden und Eingeweihten, die über dem Schicksal der Menschheit wachen!

Peter Allmend
Der Nistor
Vom Wirken eines verborgenen Meisters
Hardcover mit Schutzumschlag
160 Seiten
ISBN 978-3-89427-808-3

Glück ist,
lieben zu können.

Glück ist, der Stille zuzuhören.

Glück ist, nichts zu erwarten.

Glück ist, Menschen an seiner Seite zu haben, von denen man verstanden wird.

Glück ist, einem Menschen Trost zu bringen, der eine schwere Wegstrecke zurücklegen muss.

Glück ist, spontan lachen zu können.

Die Begegnung mit einer lichten Seele und die Entschlüsselung der grossen Geheimnisse des Heilens!

Peter Allmend ist noch ein Jugendlicher, als er das erste Mal jenes kleine Haus betritt, in dem eine Heilerin ihrer wunderbaren Berufung nachgeht. Er ist beeindruckt von der Wirkung, welche ihre Hände bei der Heilbehandlung in ihm auslösen. Ein Erlebnis, das er nie vergessen wird. Über die Jahre entsteht eine enge Freundschaft mit der Heilerin, die ihn häufig in ihre Behandlungen mit einbezieht und ihm so Einblick gewährt in die tiefsten Geheimnisse von Gesundheit und Krankheit. Allmählich erkennt er, mit welcher großen Seele er in Kontakt kommen durfte. Er beginnt, seine Erlebnisse und die umfassenden Erläuterungen, die er erhält, aufzuzeichnen. So entsteht eine Art „Tagebuch der Geistheilung", das seinesgleichen sucht. Ein Dokument über das Wirken geistiger Kräfte und himmlischer Wesen im Verborgenen.

Peter Allmend
Die Heilerin
Worte können Engel sein
Hardcover mit Schutzumschlag
160 Seiten
ISBN 978-3-89427-778-9